现代企业经济管理
与财务会计创新

黎兆歧 著

延边大学出版社

图书在版编目（CIP）数据

现代企业经济管理与财务会计创新 / 黎兆跂著. -- 延吉：延边大学出版社，2023.8
　　ISBN 978-7-230-05312-9

　　Ⅰ．①现… Ⅱ．①黎… Ⅲ．①企业管理－经济管理②企业管理－财务会计 Ⅳ．①F27

中国国家版本馆 CIP 数据核字（2023）第 158006 号

现代企业经济管理与财务会计创新

著　　者：黎兆跂	
责任编辑：宋小凤	
封面设计：文合文化	
出版发行：延边大学出版社	
社　　址：吉林省延吉市公园路 977 号	邮　编：133002
网　　址：http://www.ydcbs.com	
E‑m a i l：ydcbs@ydcbs.com	
电　　话：0433-2732435	传　真：0433-2732434
发行电话：0433-2733056	
印　　刷：廊坊市广阳区九洲印刷厂	
开　　本：787 mm×1092 mm　1/16	
印　　张：10	字　数：200 千字
版　　次：2023 年 8 月　第 1 版	
印　　次：2023 年 8 月　第 1 次印刷	

ISBN 978-7-230-05312-9

定　　价：78.00 元

前　言

知识经济化进程的加快，对企业经济管理与财务会计的创新提出了新的挑战。在发展过程中，企业需要不断加强经济管理与财务会计的创新，完善经济管理体系与财务会计体系，以推动企业发展。近年来，企业经济管理与财务会计管理模式逐渐向着多元化、集团化方向发展，日益呈现规模化、国际化、跨行业的经营趋势。由于企业的运作方式日趋国际化，所以企业的经济管理模式与财务会计管理模式也需要创新。经济管理与财务会计管理作为企业管理的重要组成部分，如今已成为企业管理的核心。

企业要想在激烈的市场竞争中立于不败之地，就必须改变信息的载体和存储方式，加快信息处理和使用的及时性，增强信息的共享性，探索新的管理模式和手段，从而提升管理水平。因此，企业在发展过程中应重视经济管理与财务会计的创新。

在知识经济时代，企业管理者必须尽快推动经济管理与财务会计的创新性发展，实现经济管理与财务会计的现代化和科学化。经济的发展日新月异，企业经济管理和财务会计更需要加强创新与融合，以跟上经济的发展脚步，从而在加强创新的基础上促进企业的发展。

企业经济管理与财务会计的创新是企业长足发展的关键所在，在知识经济时代，企业的经济管理与财务会计的创新相互统一、相互融合，可以为企业在新阶段的发展提供新的理论与发展方向。二者与知识经济、互联网信息时代相结合，将为企业决策者和投资人提供经济管理与财务会计的信息，降低企业经营的风险。因此，企业的经济管理和财务会计的创新要结合实际发展情况。企业要加强理论与实践研究，强化经济管理和财务会计的创新业务，使企业的经济管理和财务会计管理发生创新性的转变。

由于作者水平有限，错误和不当之处在所难免，恳请广大读者在使用中多提宝贵意见，以便本书的修改和完善。

目 录

第一章 经济管理体制 ... 1
第一节 经济管理体制的优化 ... 1
第二节 经济管理体制的完善 ... 3
第三节 经济管理体制的改革趋势 ... 6
第四节 企业经济管理体制 ... 12

第二章 现代企业经济管理的基础理论 ... 15
第一节 现代企业经济管理的基本原理和原则 ... 15
第二节 现代企业经济管理制度 ... 25
第三节 现代企业经济管理组织结构 ... 28

第三章 现代企业经济管理的发展与创新 ... 33
第一节 现代企业经济管理创新理论分析 ... 33
第二节 现代企业经济管理的意义和存在的问题 ... 37
第三节 现代企业经济管理应采取的创新策略 ... 39
第四节 现代企业经济管理与创新 ... 42

第四章 财务会计的基本理论知识 ... 57
第一节 经济环境与财务会计演变 ... 57
第二节 财务会计概念框架 ... 63
第三节 财务会计的规范 ... 74

第五章 建立效能型财务会计模式 ... 78
第一节 社会主义市场经济对我国企业财务会计管理的要求 ... 78
第二节 我国企业财务管理体制存在的问题及改革重点 ... 86

第三节 我国企业财务会计模式的转变 ································· 91
　　第四节 我国企业财务会计的创新模式 ································· 103

第六章 现代企业财务会计创新的模式 ································· 112
　　第一节 人力资本会计下的薪酬模式创新 ······························ 112
　　第二节 社会资本对企业组织模式的创新 ······························ 122
　　第三节 智力资本对企业绩效模式的创新 ······························ 130
　　第四节 企业会计信息披露模式的创新 ································ 133

第七章 互联网时代企业财务会计的创新 ································ 137
　　第一节 互联网对市场和企业的影响 ·································· 137
　　第二节 互联网对企业财务会计工作的影响和挑战 ······················ 143
　　第三节 互联网下云会计的应用 ······································ 149

参考文献 ·· 154

第一章 经济管理体制

第一节 经济管理体制的优化

虽然我国经济发展迅速,但是其发展过程也存在一些问题,比如,农村经济发展缓慢、中小型企业发展受到阻碍等,这些问题制约着我国经济的可持续发展。因此,政府机构要根据时代的需求不断完善市场经济管理体制,同时,根据实际发展需要不断对经济结构进行调整,完善市场秩序,保证经济管理体制能够适应社会的发展,从而助力我国经济健康发展。

为了优化经济管理体制,政府可以采取以下措施:

一、优化经济结构

我国国民经济支柱以重工业为主,这对我国经济的可持续发展是非常不利的。因此,政府相关部门应该从实际出发,制定相关政策,不断优化经济管理体制,促使市场经济结构转型,同时,应逐步增加第三行业的比重,促进整体经济的可持续发展。政府应该加强对高新技术、公共行业、涉及国家安全的行业的扶持力度,加大打击危及生态环境的重污染行业的力度。此外,为了进一步促进社会资源的优化配置,政府应该制定相关的政策,以引导、调整市场消费结构,从而进一步推动国企改革,避免不同行业的垄断行为;政府还应该分析国有企业的发展特点,并结合我国实际国情,逐步调整国有企业的经济结构,为其他企业的经济结构调整起到模范带头作用,从而促进我国经济结构的全面调整。

二、调整市场经济秩序

目前，政府在进行经济管理的过程中，虽然将重心大多放在了国有企业和国有资产上，但对国有企业和国有资产的管理力度却不够，导致市场经济秩序调整的重心发生偏移，不能达到良好的效果。因此，为了能够有效地调整市场经济秩序，政府应该加大对国有企业和国有资产的管理力度，根据实际情况逐步调整国有经济的市场秩序，从而为国有经济的发展提供多样化的机遇，促使国有经济平稳发展。

首先，政府机构不应该干预企业的发展，应该完善企业的经济管理制度，采取适当的措施给企业减负，从而促使企业不断改革，不断适应社会主义市场经济；其次，国有企业的改革刻不容缓，在进行国有企业改革的过程中，要注重政府与企业的分离，以产权改革为着手点，逐步建立现代企业制度，细化企业的产权和职责，同时，为了防止政府部门垄断企业管理，还应该逐步完善监督运营机制；最后，由于国有经济在市场经济中占有重要地位，所以市场经济布局的调整应从国有企业入手，同时，政府应该为中小型企业提供更大的发展空间，促使其不断发展，为市场经济结构提供新的活力。

三、促使城乡、企业协调发展

现阶段，我国农村经营体制改革和税收体制改革提高了农业生产力，并取得了良好的成绩；大型农业设备的引进不仅降低了农民的工作量，还增加了农民的收入，从而逐步缩小了城乡经济差距。为了进一步缩小城乡经济差距，当地政府可以定期组织乡镇管理人员开展座谈会，综合分析各乡村发展过程中出现的问题，从而制定出合理的乡村发展方案（如发展旅游业、种植项目等），不断提升乡村经济效益。

社会的发展与进步离不开企业的推动，企业也是国民经济正常发展的重要组成部分。政府需要创新经济体制，降低企业发展的负担，根据实际情况不断完善企业规章制度，促进企业的良好发展。当地政府也应该制定中小型企业扶持政策，建立"大帮小"的企业合作模式，促使大型企业与中小型企业同步发展。中小型企业可以借鉴大型企业的优秀发展经验，不断提升自身的经济效益；而大型企业也可以通过带动中小型企业发展的行为，提高自身的社会地位；两者通过合作学习，可以不断完善企业制度，从而实现优势互补，持续性地发展进步。

总而言之，为了逐步优化我国的经济管理体制，政府应该注重国有经济体制的改革，逐步将计划经济体制转化为市场经济体制，从而促使我国经济管理体制不断适应时代的需要。在优化经济结构和调整市场布局的基础上，政府也要注重乡村、中小型企业的经济改革，从而不断完善我国的经济管理体制，进一步推动我国国民经济的发展。

第二节 经济管理体制的完善

关于经济管理体制的内涵，不同的人有不同的看法。有些人认为，经济管理体制属于上层建筑；也有些人认为，生产管理系统关系的存在，对丰富经济管理体制有重要作用。总结经济管理制度的内容，主要有以下几个方面：

第一，结构和制度体系包括不同的经济成分和不同的运作方式。

第二，国民经济运行过程中的经济管理系统包括经济管理的主要内容、构成等。

第三，经济组织管理机构的职责、利益和权力的分配涉及企业整体的责任、利益和权力的分配，以及企业领导的分配。

第四，经济管理制度包括各级监督管理在内的监督管理体制，以及确保经济的良性运行和满足经济发展的需要。

一、经济管理体制发展的难点

第一，随着社会的发展，人们需要更多的公共服务，同时，也渴望维护自己的权益，这种情况与政府提供的公共产品和公共服务相矛盾。在我国注重工业化发展的过程中，人民群众有较高水平的物质文化需求，对政府的期望也越来越高。但是，我国的实际情况不同于发达国家。我国人口众多、幅员辽阔，城乡经济存在着明显的差距，这种状况不可能在短期内消失。另外，受国家财力的影响，政府提供的公共产品与公共服务也不可能一步到位，要循序渐进，在教育、卫生、社会保障等各个方面寻求新的突破，这种状况也不符合人民群众对政府的要求与期望。

第二，在改革过程中，行政体制改革深刻地影响着整体的改革进程。尤其是随着改革的深入发展，行政管理体制改革不仅影响着经济体制改革，还影响着政治体制改革，在改革中处于非常关键的地位。所以，只有做好行政管理体制改革，各项改革才能顺利开展。

第三，如果政府要通过经济手段和法律手段逐步发展出一种管理模式，中间就一定有很多困难。首先，政府部门要转变观念，淘汰计划经济体制下的各种认识，逐步从政府主体发展成市场主体；其次，不能过多地利用行政手段影响经济活动，也不能过多地进行微观管理，而应该实行宏观管理，在管理过程中多应用法律与经济的方式，建设法治型政府，做到依法行政；最后，要遵循规律。

二、完善经济管理体制和市场秩序的对策

（一）进一步加大宏观调控的力度

要充分发挥国债在国家宏观调控中的作用，正确引导社会投资活动。投资的增长速度将直接影响我国经济发展的速度。因此，要将社会投资活动与国债联系起来，找到两者之间的平衡点，实现经济快速增长。在投资增长的过程中，可以采用相应的方式来促进消费。高消费能力和高消费水平对社会投资起着一定的促进作用。只有将消费与投资相结合，并保持两者之间的互动关系，才能对经济发展起到积极的作用。

（二）创新体制，调整结构

技术进步和生产力发展的主要动力来自企业，而国家经济良好的发展是企业具备活力和生命力的重要条件。当前，经济体制中还存在一些问题，主要原因在于企业活力不足。在当代经济管理制度中，国家对企业的限制、要求比较多，这给企业增加了许多无形的压力。要解决企业管理机制中存在的问题，就要减少政府对企业的过多干预，保持政策的灵活性，减少企业的生存压力。企业应结合社会主义市场经济原则，制定适合企业生存发展的规章制度，确保企业员工的合法权益，使员工劳动和生产的积极性得以提升，彻底改变原来的劳资制度，促进企业经济效益的提升。

调整市场经济体系，制定相应的政策，实现对资源的优化配置，达到合理利用资源的目的；加快寻找经济增长点，优化消费结构，利用升级优势，达到优化产业结构的目的。受到计划经济影响的国有企业，要转变企业管理方式，改革企业体制。虽然某些企

业的市场竞争力较强，但受外在因素的影响，企业利润较低。因此，企业在市场经济环境下，需要结合自身情况优化企业结构。

（三）加强农村改革，实现协调发展

我国国民经济的基础在农村，农业对中国的经济建设做出了巨大的贡献，也为现代城市提供了物质保障。随着新政策的不断实施，城乡一体化得到了发展，一些乡镇改革取得了显著成效。在农村改革的过程中，要优化、重组党政机构，促进党政机构办事效率的提升，同时为新农村的发展注入活力。完善财政管理体制，加大管理农村债务的力度。随着改革试点的不断推进，我国在农村改革方面积累了丰富的经验，经济体制和税收制度改革逐渐减轻了农业生产的负担，但是随着经济的进一步发展，农业经营体制也出现了很多问题。生产效率的不断提升，不仅增加了农副产品的产量，还改变了供求关系，凸显了农业生产结构中的矛盾。在市场上，农副产品的价格增长较为缓慢，这也是农村经济发展面临的问题。不同地区的经济增长情况也不同，经济收入方面的差距也非常大，这逐渐拉开了城乡经济发展水平的差距。

三、调整经济管理体制的结构

（一）促进经济布局调整

制定长远的发展战略，有效调整国有经济结构。过去，国家只注重国有资产及其管理，忽视了国有资本经营的重要性。如今，制定发展战略时需要转变这种观念，要将国有资本的管理作为重点，实现经济效益的最大化，促进多元化的产权局面的形成。在分析我国目前的经济管理体制时，要综合考虑我国现有的经济状况和国有企业所处的地位，通过控制国有企业来实现对国民经济的调控。我国的国有经济涉及不同的行业和领域，同时也关乎国家的安全和发展，因此需要加大对公共产品和高新技术的研发，促进企业不断发展。

（二）加强国有企业改革

要将国有企业改革作为完善经济管理体制的一项重要措施。重视改革，加大相关改革的力度，将二者有效结合，从而实现共同进步、共同发展，在实践中获得突破性发展。

（三）促进小型企业和大型企业的共同发展

在发展大型国有企业的同时，要加大对小型企业的扶持。国有企业要实现战略性改组，增强国有经济的实力和发展能力，制定正确的战略，进一步完善国有企业制度；实现国有企业和非国有企业的联合、兼并，促进其合作关系的专业化和社会化；加大对国有企业自主知识产权的研发力度，使国有企业逐渐形成核心竞争力，促进其产品的研发和自主创新能力的发展。小型企业要利用资产重组的机会，出让经营权，优化所有财产的组织形式，增强自身在市场上的独立竞争能力。

我国的经济体制已从原来的计划经济体制过渡到市场经济体制，市场的调节已取代了计划经济体制。在这个过程中，市场与社会、政治、经济的关系日渐紧密，促进了经济的快速、健康发展。虽然在经济发展的过程中会遇到各种各样的挫折和困难，但在国家宏观调控和不断实践探索下，经济管理体制将逐渐完善，国民经济也将得到更好的发展。

第三节 经济管理体制的改革趋势

改革开放以来，我国开发区依靠优惠政策、体制优势和有效运营，已发展成为各地重要的经济增长点，发挥了区域经济发展的窗口、示范和辐射作用。但是，随着经济全球化趋势的加快和我国市场经济体制改革的深化，开发区原有的政策与体制优势逐渐减弱，管理体制与经济社会发展要求不相适应的矛盾和问题日益凸显。因此，迫切需要加大改革、创新的力度，破除体制机制障碍，继续保持快速、健康的发展势头。

一、开发区的主要管理体制类型

目前，开发区的管理体制主要有以下三种类型：

第一种是准政府的管委会体制。这类开发区管委会是辖区政府的派出机构，其主要职能是经济开发的规划和管理，为入区企业提供服务，不仅具有经济管理权限及相应的行政权力，还拥有一定的行政审批权。大部分的开发区在建设初期都采取了这种模式，国家级开发区也较多实行这种管理体制。其主要特点是管委会代表政府对开发区内的发展规划、投资建设、招商引资等进行管理，其内设机构较精干，运行效率较高。

第二种是开发区管委会与行政区政府合一的管理体制。开发区管委会与所在行政区政府有机结合，以管理为主，兼顾行政区管理，实行"一套机构两块牌子"的运行机制。其内设机构基本保持开发区管委会的架构，适当保留行政区政府必要的机构和职能。实行这种管理体制的开发区，一般会覆盖整个行政区，或开发区就是原行政区的一个组成部分。近些年来，我国各地均有开发区采用此模式，以东部发达地区居多。这种模式的主要特点是整合开发区和所在行政区政府的行政管理、社会管理、公共服务等职能，使开发区管委会能够充分行使职权，在处理开发区内经济发展事务的同时，还有权处理区域内的社会事务，在一定程度上扩大了管委会的权限范围。由于开发区拥有较为独立的行政地位和职权，所以管委会可以根据该地区的特点，因地制宜地开展区域内有关经济社会的创新和改革。

第三种是以企业为主体的管理体制。在这种管理体制中，开发主体不是一级行政组织或政府派出机构，而是企业化的开发运营管理公司，由地方政府授权，实行市场化运作，对开发区内的规划、投资建设和招商引资等事项进行管理。这种管理体制的功能比较单一，主要以经济效益为导向，弱化了行政管理职能。以企业为主体的管理体制的最大优势在于直接面对国内外市场，并以市场为导向，可以较为灵活地调整开发区的战略战术，可以通过上市融资来进行资本运作，有效地解决开发区建设中的资金短缺等问题。其最大的不足就是与政府部门协调不畅，缺少政府的支持，管理力度较弱，社会认可度较低。一些规模较小、产业单一的工业园区采用此模式。

二、开发区管理体制存在的突出问题

自改革开放以来，我国开发区在管理体制和运行机制等方面不断探索创新，有力地保障了开发区的建设发展。但是，随着改革的不断深入，一些深层次的矛盾和问题逐步显现出来。

（一）开发区的功能定位有偏移

现有开发区的功能定位大都是作为区域经济发展的先导区和示范区，利用当地资源优势和区域优惠政策，高效引进外资、吸引先进技术，以区内经济带动区外经济发展。大多数开发区采用"准政府"的管理体制，这使开发区不仅不能像一级政府那样将管理服务全覆盖，还要接受各方面的考核，其开发功能、经济功能和创新功能均被淹没在繁杂的行政和社会事务中，削弱了招商引资和创新发展的能力。随着开发区建设规模的扩大，其承担的管理服务职能也越来越多，而随着国家宏观政策的不断调控，开发区以前享有的一些特殊政策和经济管理权限被逐渐削弱。开发区逐渐趋同于普通行政区，导致开发区功能定位出现偏移。当前，开发区面临着转变经济发展方式、优化调整产业结构、促进产业升级发展、打造城市经济核心区的良好机遇和重大挑战。要应对这种机遇和挑战，就需要在新形势下明确开发区的功能定位，以适应开发区转型升级成为"区域经济引擎"和"城市化加速器"的目标要求。

（二）开发区管委会的主体地位不明确

开发区管委会作为政府派出机构，其主体地位在目前的地方政府组织法中没有明确界定，相关规定散见于地方出台的各管理条例和中央有关部门规章之中，如江苏省政府出台的《江苏省经济技术开发区管理条例》等。但这些地方性法规和部门规章只明确了开发区管委会的一些行政管理权限，并没有在法律上确立开发区的功能定位、管理模式、组织原则和组织形式等。开发区的法律地位不明确，会导致其制定的地方性法规与现行法律法规相冲突，最终难以执行。另外，管委会的性质没有明确的立法界定，其行政主体地位一直备受质疑，管委会依法管理开发区事务有一定的阻碍。当前，全面深化改革和推进治理能力现代化，要求开发区与区域社会形成良性互动关系，构建开放型经济新体制；建立法治政府和服务型政府，势必要求开发区管委会要在法律上明确其主体地位。开发区管委会若继续作为政府派出机构，则需要建立一套关于开发区的法律法规体系或对现行的法律法规进行修订。从国家层面来看，为属于地方政府管理的功能试验区制定或修订法律法规的难度较大；但若是通过改革融入所在行政区政府，按照现行法律法规管理是没有问题的。开发区管委会何去何从的问题涉及多个方面，是一个关系到理顺开发区与政府、企业、社会之间的关系，以及实现依法治国，推进行政体制改革的重要问题。

（三）开发区管委会的职责权限不明晰

由于开发区在国家法律层面上没有明确的法律地位，所以其管委会所拥有的审批权等各项权限都是由地方政府自行规定的。有立法权限的地方通过地方性法规或者政府规章的形式对管委会进行授权或者委托；没有立法权限的地方通过行政规范性文件进行委托。由于这些委托本身就存在法律依据不足的问题，因此会导致管委会与上级政府和工作部门之间的管理权限划分不清楚、关系不顺畅。权限划分不清，还会导致一些开发区与上级政府工作部门出现责任关系不明确和权限交叉过多等问题。在这种情况下，对于一些责任大、难协调的工作，管委会和政府工作部门往往会互相推诿，导致工作效率低下。还有一些地方政府随意调整管委会的权限、职能，权力收放没有合理、合法的依据。有的地方政府虽然对管委会的管理权限范围进行了界定，但仍存在授权不到位或无法落实的问题，一些可下放给开发区的权限，如产业规划、土地征用、资金融通、行政执法等，会受制于部门政策的制约，无法真正落实，从而影响开发区职能权限的有效发挥。

（四）开发区的管理方式不适应建设发展的需要

随着开发区的不断发展壮大和经济效益带来的人口聚集等，开发区已不再是一个单纯的经济功能区，而成了一个综合性的行政区域，涉及的行政管理范围和公共管理领域也越来越大。开发区的主要职能定位不仅限于土地开发、招商引资、企业服务等传统的经济工作方面，还逐步拓展到劳动就业、民政福利、公共环境、社会治安等社会性工作。对此，一方面，上级政府只关注开发区经济指标的管理方式已不能适应现状；另一方面，开发区自身单纯管理经济开发工作的方式也不能满足社会管理等职能增多的实际情况。一些经济发达地区的开发区，在完成了设立初期规划区域内的开发建设任务后，为了延续优惠政策，维持经济快速增长的势头，缓解开发区土地资源紧缺的矛盾，开始对开发区进行扩容，增加区划面积，使开发区管委会面对更多的管理服务对象和具体事务。管理方式落后等原因，造成了开发区管委会"小马拉大车"的尴尬局面。

（五）开发区管委会的机构编制管理不规范

开发区管委会的机构设置和编制配备与政府和机关单位不同。我国历次政府机构改革和事业单位改革，基本上都没有涉及开发区，其在机构编制管理上存在的问题非常复杂。由于没有法律法规和规章制度规范，一些开发区管委会在机构规格、内设机构、编制核定等方面存在合法性不足，管理上也缺乏具有规范性的依据。各地开发区管委会规格不统一，机构编制核定亦有差别，有的使用行政编制，有的使用事业编制，还有的存在行政编制和事业编制混用的现象。一些大的开发区，由于需要承担行政执法、社会管理和公共服务等职责，在控制行政编制总量的情况下，加大了事业编制核定数量或者大量聘用编外人员；有的开发区编外人数超过了在编人数，存在混编、混岗和人员素质参差不齐的问题。这些都加大了内部管理的负荷，在一定程度上给开发区的管理带来了负面影响。另外，随着开发区规模的扩大和各种新型功能试验区的建立，开发区增加机构编制的需求也越来越大。

三、管理体制改革趋势分析

（一）改革趋势

我国开发区具有优良的投资环境、较高的土地集约程度、开放的经济体系、集中的现代制造业和高新技术产业、突出的产业集聚效应、持续发展的动力强劲等优势。当前，在国家各项政策措施的激励下，开发区已经跨入了"二次创业"的发展阶段，总体目标是加快发展先进制造业和现代服务业，聚集高端技术产业和战略性新兴产业，向城市次中心、现代化新城区发展，全力打造经济社会发展的新平台。面对新的形势和任务，作为保障改革顺利进行的管理体制，其改革事关重大、势在必行。

改革是发展的强大动力。必须按照完善和发展中国特色社会主义制度、推进国家治理体系和治理能力现代化的总目标，健全使市场在资源配置中起决定性作用和更好发挥政府作用的制度体系；以经济体制改革为重点，加快完善各方面体制机制，破除一切不利于科学发展的体制机制障碍，为发展提供持续动力。按照这一总体要求和行政体制改革的相关要求，再结合开发区发展改革需求，我国管理体制改革的重点将放在提升开发区治理能力上，进一步理顺开发区与市场、社会、政府之间的关系，建立符合简政放权、转变职能、提供服务要求的组织架构，形成功能完善、分工合理、权责一致、运转高效的机构职能体系。

从我国开发区的未来发展趋势看，随着改革的不断深入，开发区的功能定位将由区域经济发展先导区、示范区逐步转变为高端技术产业和战略性新兴产业集聚区，成为区域经济发展的核心区，进而逐步成为城市次中心和现代化城市新区。随着开发区功能定位的转变，管理机构的主体地位也将由政府派出机构的管委会逐步明确为与行政区政府融合或合署办公的管理机构，进而逐步明确为行政区政府或新区政府；开发区管委会融入政府后，开发区的招商引资、开发建设、运营管理等职能可由市场化的开发经营公司承担。随着管理机构主体地位的变化，开发区管委会的职责权限将由单纯的功能区经济开发建设管理逐步明晰为区域经济管理、行政管理和社会事务管理，进而再逐步明晰为城市行政区全方位管理。随着管理体制改革的深入，开发区的管理方式将由简单、粗放型向和谐、高效型转变，其机构编制管理也将逐步实现科学化、规范化、制度化。

（二）对分类改革模式的考虑

我国开发区类型多、数量大、情况复杂、发展不平衡，导致积累了很多管理体制问题，这些问题很难通过改革一次性解决，需要坚持问题导向原则，区别不同情况，分类进行改革。

第一类改革模式：开发区规模较小，管委会主要承担规划建设、招商引资等经济管理职能，功能比较单一；其改革的重点是完善管委会的功能和组织架构，理顺管委会与区域政府工作部门之间的职责关系。管委会仍作为区域政府的派出机构。

第二类改革模式：开发区面积扩大、人口增多、产业升级，管委会所承担的经济管理、行政管理和社会管理职能增加，公共服务需求增大；其改革的重点是将管委会与所在行政区政府相融合，逐步形成二合一或合署办公的组织架构；其内设机构以精干高效、具有现代管理理念的机构设置为蓝本。

第三类改革模式：开发区规模较大，规格较高，属于城市经济发展核心区，管委会承担行政区政府的所有职能。鉴于产业升级、市场拓展和社会事务增多等情况，其改革的重点是通过调整行政区划，将开发区与其他功能试验区组合在一起，并入调整后的行政区政府，按照"精简、统一、效能"的原则，以开发区管委会精干、高效的内设机构和人员编制为主体，组建城市新区政府，新区内设有一个或多个产业集群功能区（一区多园）。取消原开发区和其他功能试验区的管委会，由投资（控股）方组建或委托若干个实行市场化运作的经营开发公司，承担开发区和其他功能试验区的经济开发运营职能，其他行政管理职能和社会事务全部由新区政府承担。

以上三种改革模式具有递进关系，基本涵盖了我国开发区的主要类型和管理体制改革的成功经验，具有一定的针对性和可操作性，符合改革精神，可视为今后一段时期内我国管理体制改革的一种趋势。

第四节 企业经济管理体制

在我国国民经济不断发展的环境下，企业的竞争程度日趋激烈。企业要实现可持续发展，就要持续增强自身实力，在日常经营管理的过程中，充分发挥企业经济管理体制的作用，全方位、多角度、多元化地认识企业经济管理及其体制的重要性，以便对企业经济管理体制进行改革创新，保证企业经济管理工作可以正常、健康地开展。

一、企业经济管理体制创新改革的意义

在市场环境下，企业经济管理体制创新改革对于企业日后的发展趋势与方向具有关键作用，基本体现为以下几个方面：

第一，企业经济管理体制创新是企业盈利的基础（要素之一）。在企业的经营发展过程中，企业的正常经营管理是实施一切经济活动的基础，只有在拥有高效的经济管理体制，经济管理力度得到提升，企业的经济管理活动被高效贯彻落实的情况下，才能够充分保证企业其他运作过程的正常开展，提升员工工作的积极性，进而运用最低的成本帮助企业获得最高的经济效益。因此，实行企业经济管理体制创新对于提升企业经济效益有着重大的作用。

第二，企业经济管理体制创新可以提升企业的市场竞争力。在市场竞争日益激烈的环境下，企业要想获得一席之地，就要有竞争力。而企业要想提升竞争力，就应该从根源上提升企业的综合能力。不过，只有合理的企业经济管理体制才能够精确、完整地体现企业的运营状态，发现企业在经营过程中的缺陷，进而根据不同的情况采取应对措施，避免企业决策失误，提升企业的综合能力，增强企业在市场经济环境中的竞争力。

第三，企业经济管理体制创新有利于提升企业资金使用率。在企业经营发展过程中，资金是不可或缺的基础，企业要想获得经济效益，就需要对资源的来源与动向进行监督管理，以便高效地分配资金。高效的企业经济管理体制可以合理分配企业各项运作活动

所使用的资金，规范化管理企业资金。

第四，企业经济管理体制创新有利于监控企业的经营状态。在经营过程中，企业各个部门提供的财务数据是反映部门运行状态的真实数据，只有在企业拥有高效经济管理体制的情况下，才可以准确地对企业财务数据进行管理与分析，进而得知企业的真实运营状态，以及企业决策在执行过程中存在的问题与缺陷，以便第一时间调整政策。

二、企业经济管理体制的创新改革实践

（一）关注企业经济管理思维创新

传统的经济管理思维是阻碍企业经济管理体制创新改革的关键因素之一。所以，要开展企业经济管理体制创新改革，就必须更新企业的经济管理思维，摒弃企业传统的经济管理思维，建立不同的经济管理战略。全面考察目前市场经济环境下同行业企业的生存状态与运行情况，根据企业自身的实际状态来形成全新的经济管理思维。另外，企业管理者要在企业经济管理思维中融入创新意识与改革思维，积极鼓励员工进行创新改革，表扬勇于创新的员工，鼓励员工结合企业状态与自身水平和认知进行创新，让企业能够始终处于创新改革的环境中。

（二）重视企业人力资源管理创新

企业在开展经济管理过程中，人力资源是不可或缺的关键内容。因此，企业要实施经济管理体制改革创新，就要重视企业人力资源管理工作的创新，具体做法如下：

第一，要更新人才管理理念。正确认识人才对于企业的重要性，摒弃看资历、看文凭的传统人力资源管理理念，让企业中有能力的员工可以脱颖而出，充分发挥自身优势，做到人尽其用。始终秉持以人为本的管理理念，提升员工对企业的归属感，提升人力资源管理效率。

第二，要更新人力资源管理制度。员工在企业正常运营的过程中有着至关重要的基础作用，因此在企业经济管理体制创新改革实践中，要重视人力资源管理制度的创新，以制度规范员工在企业中的工作态度与行为，建立合理的奖惩机制、绩效制度等，以激发员工的工作积极性；定期组织员工参加专业知识培训或讲座，以提升员工的专业水平与创新能力。

(三) 强化企业经济管理战略创新

在企业的经济管理体制中，经济管理战略是影响企业日后发展前景的重要内容。要强化企业经济管理战略创新，就要重视企业运营的经济效益，始终关注企业在市场经济环境中的机遇与挑战，利用市场经济环境形势抓住提升企业核心竞争力的机遇。全面考察市场环境，针对企业自身的状态制定科学、合理的企业战略，并且明确企业自身的核心竞争力。在市场环境中，当企业的核心竞争力面临威胁时，要强化企业经济管理战略的创新，优化企业管理层次，以提升企业的经济管理质效，实现企业未来的健康、长久发展。

(四) 创新企业经济管理监督管理制度

企业经济管理监督管理制度是保证企业经济管理工作能够落到实处的重要内容。企业经济管理的创新要以监督管理制度的健全和创新为基础。在企业经济管理监督管理制度创新过程中，要根据市场环境的变化来制定相关的控制管理监督条例，以保证企业的管理层、员工都可以严格按照监督管理制度来开展工作，企业日常运作也可以规范化进行。针对企业各个部门的运行状态建立相关的内部控制管理制度，以优化完善经济管理监控体系，保证监督管理制度能够落实到企业日常运行管理的每一处。

在市场竞争日趋激烈的现代社会中，企业应该高度重视经济管理体制的重要性，从更新企业经济管理理念、重视企业人力资源管理创新、强化企业经济管理战略创新、健全企业经济管理监督管理制度等方面做起，根据市场环境与企业自身特征，摸索适合自身情况的经济管理体制，以实现企业的可持续健康发展。

第二章 现代企业经济管理的基础理论

第一节 现代企业经济管理的基本原理和原则

一、经济管理对企业的重要性

企业资金运作的显著特点是流量大、运转频率高。因此，企业要实现经济和社会效益最大化的目标，就必须高效组织企业的经济和资金活动，重视企业经济管理，使组织内部从上到下都认识到企业经济管理对其生存和发展的重要性。

（1）有利于提高企业对市场需求的灵敏度，实现企业决策的科学化

对企业来说，充分了解国际和国内市场的情况对企业中高层管理人员做出正确且科学的决策至关重要。通过对企业经济管理的具体分析，企业管理者不仅能够了解企业自身的运作情况，还能把握企业对市场的敏感度，从而做出相应的市场决策。企业的经济管理分析可以反映企业的盈利状况，对盈利状况进行分析，可以使企业在盈利较好的时间段制定出较好的销售策略，从而提高自己的市场份额；企业也可以在盈利较弱的时间段做详细调查，分析原因，及时采取应对策略，以适应市场需求。经济管理分析能够反映企业的负债情况，企业管理者可以针对企业负债情况采取不同的应对策略，对企业持续健康发展有着重要意义。

（2）有利于提高企业资本运作的能力，促进企业的长远发展

企业资金量大、流动频繁，一旦资本运作不畅，企业再生产就会出现困难，最终使企业陷入经济困境。如果说资本运作是企业经济管理的核心，那么经济管理就是企业经济管理核心的核心。资本运作通过一系列的经济活动来实现，包括资金筹集、资金运用、

收益分配等。资金筹集的快速化、资金运用的合理化和收益分配的公平化，都离不开企业经济管理。因此，加强经济管理对于提高企业的资本运作能力，促进企业长远发展至关重要。

（3）有利于提高企业预防和抵御经营风险的能力，实现企业经济管理的目标

企业经营风险是指生产经营方面给实现企业经营管理目标——盈利带来的不确定性。在日趋激烈的市场竞争中，企业要想生存、发展，就必须提高自己抗风险的能力。企业的生产经营通常都会受到来自企业外部和内部的影响，具有很大的不确定性，如低价中标、原材料的上涨、人工工资的上涨、政策决策失误等，但这一切都可以通过经济管理活动来得到改善和解决。合理组织经济活动可以提高企业预测和抵御风险的能力，避免经营上的失误给企业造成的损失。

二、企业经济管理原理

经济管理原理是对经济管理工作的实质内容进行科学分析，进而总结形成的基本真理，它是对各项管理制度和方法的高度综合与概括，因而对一切管理活动具有普遍的指导意义。

（一）企业经济管理原理的主要特征

1.客观性

经济管理原理是对管理的实质及客观规律的表述。因此，它与在管理工作中所确定的原则有严格区别，原则是从对客观事物基本原理的认识引申而来的，是人们规定的行动准则。原则的确定虽然是以客观真理为依据，但是仍有一定的人为因素，为了加强其约束作用，一般带有指令性和法定性，是要求人们共同遵循的行为规范，人们违反了规定的原则就要受到群体组织的制裁。而原理则是对管理工作客观的描述，原则之"原"即"源"，是原本、根本的意思，原理之"理"即道理、基准、规律。违背了原理必然会遭到客观规律的惩罚，承受严重的后果，但在群体组织上不一定有某种强制反应。在日常的管理工作中，企业管理者既要认识原理与原则的区别，又要注意两者之间的联系。在确定每项管理原则时，要以客观真理为依据，尽量使之符合相应的原理，同时又要以指令或法令的形式来强化原则的约束作用，加强经济管理原理的指导作用，从而获得满

意的管理效果。

2.概括性

经济管理原理所反映的事物很广泛，涉及了自然界与社会的诸多领域，包括人与物的关系、物与物的关系，以及人与人的关系。但它不是现象的罗列，不反映管理的多样性。例如，国民经济包括许多门类，每个门类又分成许多部门，每个部门又分成许多行业，每个行业又包括许多企业，每个企业又各有特点。即使是同一类型企业，它们的产品品种、企业规模、技术装备水平、人员构成、建厂历史、厂址地理位置与自然环境、社会环境等，相互之间也不可能完全一样，因此每个企业也具有不完全相同的经济管理方式和方法，即企业经济管理活动呈现多样性。但是，经济管理原理对这些不同的企业都是适用的，具有普遍的指导意义。因此，经济管理原理描绘了包含各种复杂因素和复杂关系的管理活动的客观规律，或者说，其是在总结了大量管理活动经验的基础上，舍弃了各组织之间的差别，经过高度综合和概括而得出的具有普遍性和规律性的结论。

3.稳定性

经济管理原理不是一成不变的，它会随着社会经济和科学技术的发展而发展。但是，它也不是变化多端和摇摆不定的，而是相对稳定的。经济管理原理和一切科学原理一样，都是确定的、固定的，具有"公理的性质"。即使事物的运动、变化和发展的速度再快，它都是相对稳定的。因此，管理原理能够被人们正确认识和利用，从而指导管理实践活动取得成效。

4.系统性

经济管理原理中的系统原理、效益原理、人本原理、责任原理和伦理原理组成了一个有机体系，它不是各种烦琐的概念和原则的简单堆砌，也不是各种互不相关的论据和论点的机械组合，而是根据经济管理现象本身的有机联系，形成的一个相互联系、相互转化的统一体。管理的实质就是在企业内部，以人为本，通过确定责任，以达到一定的效益。

（二）企业经济管理原理类型

1.人本原理

世界上一切科学技术的进步、物质财富的创造、社会生产力的发展、社会经济系统的运行都离不开人的服务、人的劳动与人的管理。企业经济管理的人本原理就是以人为中心的管理思想，这是经济管理理论发展到 20 世纪末的主要特点。

人本原理包括的主要观点如下：

①职工是企业的主体。

②职工参与是有效管理的关键。

③使人性得到最完美的发展是现代管理的核心。

④服务于人是管理的根本目的。

因此，尊重人、依靠人、发展人、为了人是人本原理的基本内容和特点。

2.规律性原理

运用辩证唯物主义的规律性认识管理工作并对其进行研究，以达到按照生产力、生产关系和上层建筑发展运动的客观规律来管理企业的目的，这就是企业经济管理的规律性原理。根据生产力发展规律，企业经济管理要达到以下要求：

第一，社会化大生产必须按专业化、协作化、联合化加以组织，生产的组织要依据不同的生产特点和类型采取不同的组织形式和控制方法。

第二，企业的发展和技术改造要符合生产力合理布局的要求。

3.系统性原理

所谓系统，就是按照统一的功能目的组成的有机整体。现代管理不同于过去的小生产管理，它总是处在各个层次的系统中，每个单位、每个管理法则、每个人都不可能是孤立存在的。它既属于本系统内，又与周围各系统发生各种形式的"输入"与"输出"联系，同时还从属于一个更大的系统范畴内。因此，为达到最佳的管理效果，企业管理者必须进行充分的系统性分析，这就是企业经济管理的系统性原理。

4.控制性原理

现代经济管理的控制活动是不断接受和交换内外信息，依据一定的标准监督检查计划的执行情况，发现偏差及时采取有效措施来调整生产经营活动，以达到预期的目标。控制职能是社会化大生产的客观要求，如果没有控制职能，企业的管理职能体系就不完整，企业管理者也就不能进行有效管理。一个系统的控制功能要发挥作用就必须具备两个基本前提：计划和控制职能的实施。组织机构是以计划为依据的，计划越是明确的、全面的和具体的，控制的效果就越好，同时，计划中要有明确的检验标准，这是有效控制的条件之一。发挥控制职能还要建立相应的组织机构，以实现对计划执行情况的考察和衡量，并纠正偏差，从而保证计划的顺利完成。企业管理者在控制活动中必须做好信息反馈，这也是实现有效控制的重要条件。因此，控制系统组织机构应明确规定有关信息的收集、整理、传送的分工和职责。

5.弹性原理

经济管理的弹性原理是管理在客观环境作用下，为达到管理目标所具有的应变能力，其主要内容有以下几点：

第一，随机性和偶然性是客观存在的，不能静止地、机械地看问题。

第二，随机性和管理领域的特点要求管理系统包括企业经济管理必须具有一定的弹性。

第三，管理弹性使管理系统具有更大的灵活性，可以帮助企业管理者从大量数据中发现规律，有助于企业管理者及时发现潜在问题。

应用弹性原理时还需注意"消极弹性"。"消极弹性"的根本特点是把留有余地当作"留一手"。例如，制定计划松些、制定指标低些等。这种消极弹性虽然在特定的条件下可以有限地运用，但是现代管理要着眼于"积极弹性"，不是"留一手"，而是"多几手"。

6.激励原理

任何形式的运动都需要动力。管理作为一种运转形式，要持续且有效地运行下去，就必须依靠强大的动力推动。人是企业系统的基本组成要素，人的积极性具有极大的内在潜力，企业必须采用科学的方法激发人的内在潜力，使每个人都尽其所能、自觉努力地工作，这就是企业经济管理的激励原理。激励原理表明，人们的努力程度决定于奖励的价值及个人认为需要努力的程度和获奖概率。

7.效益原理

企业作为商品的生产者和经营者，必须以尽量少的消耗和资金占用，生产出尽可能多的符合社会需要的产品，并不断地提高经济效益，这就是企业经济管理的效益原理。追求经济效果、提高经济效益是企业的根本目标之一，是企业各方面工作的综合表现。提高经济效益实质上就是提高劳动生产率，这是社会经济效益得以增长的前提。

（三）研究企业经济管理原理的意义

经济管理原理是现实管理现象的一种抽象，是大量管理实践经验的升华，它指导一切管理行为，对做好管理工作有着普遍的指导意义。

（1）掌握经济管理原理有助于提高管理工作的科学性

经济管理原理是不可违背的管理的基本规律。实践反复证明，凡是遵循这些原理的管理，都是成功的管理；反之，就有可能失败。我国有很多企业存在管理混乱，职工的积极性不能充分发挥，企业经济效益较差，甚至出现大量亏损的情况，导致此种情况出现的原因虽然复杂，但大都与违背经济管理原理分不开。认识经济管理原理之后，企业的实践就有了指南，建立管理组织、进行管理决策、制定规章制度等也就有了科学依据。

（2）研究经济管理原理有助于人们掌握管理的基本规律

管理工作虽然错综复杂、千头万绪、千变万化，但万变不离其宗，它们具有共同的基本规律，企业管理者掌握了这些基本规律，就算面对的局面纷繁复杂，也可以管理得井井有条，这也是许多成熟的企业管理者在各种不同的管理岗位上都能取得成功的原因。在现实生活中，许多企业管理者通过自己的管理实践，经历漫长的积累过程，才逐渐领悟到管理的基本规律。学习经济管理原理能加快人们掌握管理基本规律的过程，使人们更快地形成自己的管理哲学，以应对变化的世界。

（3）掌握经济管理原理有助于人们迅速找到解决管理问题的途径和手段

依据组织的实际情况，建立科学合理的管理制度、方式与方法，使管理行为制度化、规范化，使管理的许多常规性工作有章可循、有规可依。这样，企业领导者就能从事务堆中解放出来，集中精力管理例外事项，即使更换了领导者，系统仍可照常顺利运作。

三、企业经济管理的系统原则

（一）系统原则的内容和地位

系统是指由若干相互联系、相互作用的部分组成，在一定环境中具有特定功能的有机整体。系统的一般特征包括集合性、相互联系性、特定功能动态性。对于人造系统而言，其还具有另一个特征，即目的性。

利用系统原则进行企业经济管理，是指管理主体运用系统理论和系统方法，对管理要素、管理组织和管理过程进行系统分析，旨在优化管理的整体功能，取得较好的管理效果。

系统原则从系统论角度认识和处理管理问题。系统原则作为企业经济管理原则之一，内容包括企业经济管理的系统观点、系统分析方法及系统模式。企业管理者应当遵循系统原则，正确认识企业的经营目的，合理确定企业的经营目标，调整企业行为，增强企业功能，能动地适应企业环境，并运用系统分析的方法评价企业和解决管理决策问题。

系统原则为管理学的发展做出了巨大的贡献，并产生了深刻的影响。首先，它推动了管理观念的更新。人们从系统的整体性及相互制约性中得到启发，加强了管理工作中统筹兼顾、综合优化的意识，使人们在决策时能考虑到有关的各个方面，克服传统思维容易造成的片面性。其次，它提供了解决复杂问题的分析工具。系统论揭示的宇宙中各类系统具有相似性这一真理，使人们开阔了视野，变得聪明和灵活。管理人员在自然科学及工程技术领域找到了许多有力的工具，如控制论、运筹学、数理统计、可靠性理论、模糊数学等，它们构成了管理系统工程的主体内容。最后，它促成了新管理模式的出现。对管理的历史进行考察后发现，现代管理中广为采用的全面质量管理、目标管理等新模式的出现，与系统论的应用有直接关系。总之，现代管理一般都是复杂的系统性管理。

系统原则不仅为认识管理的本质和方法提供了新的视角，而且它提供的观点和方法影响了人本管理原则、权变管理原则、科学管理原则。从某种程度上说，系统原则在企业经济管理原则体系中起着统率的作用。

（二）企业经济管理中系统原则的具体内容

在现代企业管理中，系统原则有着丰富的内容，表现在管理的各个方面。但就其主要内容来说，可以概括为以下几个方面：

1.管理的整体性

按一般系统理论的观点，管理的整体性主要表现为以下几点：

第一，任何经济管理系统都是由各个管理要素组成的有机整体。

第二，管理系统的各个组成要素和组成部分相互联系，彼此依赖。要素和局部的变化会产生连锁反应，从而影响整体的变化；整体的变化也会影响要素和局部的变化。

第三，用系统观念来考察管理活动和管理成果，要看其整体功能的发挥情况和整体效果的大小，而不能只看局部功能和局部效果。

2.管理的动态性

世间一切事物都是不断发展变化的，因此企业管理者在管理企业时必须用发展变化的眼光来分析和解决问题。管理的动态性主要表现为以下几点：

第一,在任何管理活动中,管理系统的内部因素和外部环境都是在不断变化发展的。因此,企业管理者必须有较强的预见性,运用科学的预测方法,正确地把握各种内外条件发展变化的趋势,从而采取相应的管理对策。

第二,事物的发展过程是从不平衡到平衡的过程。平衡是事物发展的重要条件,但平衡不仅表现为静态平衡,更多地表现为动态平衡。平衡问题是管理过程中经常遇到的问题。因此,掌握正确的平衡原则,对于企业管理者适当地处理管理过程中遇到的各种平衡问题是非常重要的。

3.管理的层次性

一般系统论认为,各种有机体都是按照严格的等级组织起来的。管理系统作为一个有机整体,也是分层次、分等级的,而且其层次和等级的划分,不是随心所欲的,而是有其内在规定性的。管理的层次性主要表现为以下几点:

第一,管理层次的划分要与管理的需要相适应。一般来说,管理系统自上而下可以划分为领导层、职能层、执行层、作业层等。

第二,不同的层次要被授予不同的权力和应该承担的责任。其目的在于发挥各个层次和等级的不同能力和作用。

第三,要把具有不同能力的人相应地安排在不同的层次上,使其各尽所能,各显其才。

(三)系统原则在管理中的应用

在企业经济管理中,应坚持系统原则,树立系统观念。企业管理者不仅要用系统理论的观点来观察分析管理问题,还要运用系统方法来解决管理过程中遇到的各种问题。只有做到了这一点,才是真正地坚持了系统原则,树立了系统观念。

1.系统原则在企业经济管理中应用的特点

系统方法是指以系统理论为指导,以某些特定的定性、定量的分析手段为工具,从事物本身出发,把研究对象放在系统形式中加以考察,以求得解决问题的最佳方法。系统原则在企业经济管理中的应用与其他传统方法相比有以下特点:

第一,考察和解决问题的整体性。

第二,考察和解决问题的综合性。

第三,考察和解决问题的严密性。

换句话说，既要从定性方面，也要从定量方面，将企业的生产经营活动作为一个整体，进行综合的考察分析。

2.在企业经济管理中运用系统原则的基本程序

系统原则在企业经济管理中有许多具体的运用方法，其中最主要的就是系统工程。长期以来，人们运用系统分析方法解决实际问题，并研究出了一整套的程序步骤，其中比较有代表性的就是由美国系统工程专家阿瑟·D.霍尔于20世纪60年代提出的三维结构图，包括逻辑维、时间维和知识维。

逻辑维是指运用系统原则时应遵循的步骤。霍尔提出了七个步骤：①明确问题。通过收集到的各方面的资料，明确要解决的问题。②目标选择。确定为解决问题所应达到的目标。③系统综合。综合分析各种情况，制定达到目标的几种可能方案。④系统分析。通过建立模型，对各种方案进行计算，模拟取得必要的数据和资料。⑤系统选择。通过对比分析，选择若干个较好的方案。⑥决策。最后确定一个最好的方案。⑦实施计划。制定具体的实施计划。

时间维是指运用系统原则划分的工作阶段或工作流程图。霍尔提出了七个阶段：①规划阶段，包括程序设计等。②拟订方案，进行具体的系统设计。③系统研制，试制方案，进行系统开发。④生产阶段，进行系统各部分的生产。⑤安装阶段，将系统各部分进行组装，并提出系统运行计划。⑥运行阶段，使系统按原定用途服务。⑦更新阶段，通过运行，改进系统存在的问题。

知识维是指运用系统原则所应具备的知识，其中包括综合运用社会科学、管理科学、自然科学和工程技术等各方面的知识。

四、企业经济管理的人本原则

人本管理，就是以人为本的管理。管理的本质是激励、引导人们去实现预定的目标，故而应当把人视作管理的主要对象及企业最重要的资源。确立以人为本的指导思想及依靠群众办企业的指导方针，制定全面开发人力资源的战略；根据人的思想行为规律，抓好企业的思想文化建设，努力提高领导水平；运用各种激励手段，调动和充分发挥人的积极性和创造性，以不断增强企业活力。

企业经济管理的人本原则的确立和运用，既是人类漫长历史中的管理实践的发展趋势,又是现实管理活动中提高管理效率的客观要求;既可转化为有效协调管理客体的手段,又是管理主体所追求的目标。多个因素的共同作用,确定了在企业经济管理中运用人本原则的必然性。

(一)注重个体能力开发

人是有生命、有思维、有情感、有创造性的复合体,具有主观能动性。人的主观能动性的发挥程度,与个体的智力、动力等因素有直接关系。

人的能力主要由体力和智力两部分组成,也就是通常所说的"硬资源"和"软资源"。随着社会生产力水平的提高和科学技术的发展,仅仅依靠加大劳动强度和延长工作时间来充分利用体力这个"硬资源",显然存在着外延的局限性;而智力这个"软资源"的开发却具有内涵的无限性。随着科学技术的发展,智力因素的影响不断上升,而体力因素的影响却相对下降。因此,企业管理者必须注意运用智力原则,强化劳动力的智力开发。

动力是驱使人们发挥潜能,不断前进的内在力量。动力可以分为两类,即物质动力和精神动力。物质动力是基础,精神动力是支柱,这两种动力相互补充、相互促进,缺一不可。在社会主义市场经济条件下,企业管理者在强调物质动力的同时不应该低估、削弱精神动力的作用,否则很难形成综合持久的驱动力。

(二)注重集体协作

集体协作是社会化大生产的客观要求。现代企业经济管理系统应该充分发挥个体的作用,但是如果不注意个体在时间上、空间上的相互联系和相互作用就不能发挥整体的效能。集体协作需要注意以下三点:

1.合理分工分级

正确确定每个个体在集体中的作用和地位是提高管理效能的重要前提。在整体规划下,建立优化的横向和纵向的结构网络,明确个人分工,在分工基础上进行有效的综合,这就是分工分级原则。社会分工的发展是生产力发展的标志和象征,分工分级的必然结果是任务专业化和职权分散化。由于任务专业化和职权分散化并非越细越好、层次越多越好,所以分工分级原则应该适度。

2.能级对应

能级对应是指企业管理者应该按照管理层次和岗位的能级要求配备具有相应能力的人员，并授予其相应的权力。能级对应包括以下几点：

第一，企业管理者要因事设人，知人善任，使个人在组织中的位置与个人能力相匹配。"大马拉小车"不仅会造成不必要的浪费，而且也未必能把事情办好。

第二，企业管理者应该为下级个体授职授权，使"职、权、责"相一致，否则也会影响个体工作的顺利开展。

3.统一指挥

统一指挥是指严格按照命令由上而下逐级下达，形成集体内上下级的"指挥链"。企业经济管理系统应遵守以下四点要求：

第一，从顶层到基层的等级链不得中断。

第二，不允许多头领导。

第三，不允许越级向下指挥。

第四，职能机构是参谋部门，未授权不得行使指挥职能。

统一指挥不排斥必要的灵活性和横向联系，如采用临时处置，但是必须事后汇报，以避免紧急事件的贻误。

第二节 现代企业经济管理制度

一、 企业经济管理制度的基本内容

企业经济管理制度要求企业按照现代生产力发展的客观规律，以及市场经济发展的需要，积极应用现代科学技术成果和现代经营管理的思想理论，有效地管理企业，创造最佳经济效益。企业要围绕其战略目标，按照系统观念和整体优化的要求，在管理人才、管理思想、管理组织、管理方法和管理手段等方面实现现代化，并把这几个方面的现代

变化能够对经营管理策略进行及时的调整和补充，从而推动各项经营活动有序进行，提升企业的核心竞争力。除此之外，企业还需要利用各项经济管理制度提升经济管理人员的综合素养，并科学合理地改善和解决企业经济管理中存在的问题，确保相关管理工作人员能够全身心地投入企业经济管理工作中，从而提升企业的经济管理效能。

3.创新企业人才管理制度

企业实现可持续发展的关键是人才，因此企业在发展中要重视对人才的招纳与培养。企业只有培养出先进的人才，不断完善其管理制度，才能让员工认同企业的发展，并且贡献自己的一份力量。企业应该帮助员工认识到自身的工作价值，进一步激发对工作的激情，从而更好地投入工作。企业在对人才管理机制的设定中，要有一定的奖励机制，根据自身的支付能力等方面综合做出分析，给出一定的奖励。另外，企业还要重视其文化建设，以此来提高员工对于企业的认同感。企业应尽最大努力为员工创造一个有利于工作的环境，以提高其工作效率，从而进一步实现企业的可持续发展。

第三节 现代企业经济管理组织结构

一、企业经济管理组织结构的内容与原则

在现代企业组织制度中，企业的组织结构和企业的经济管理组织结构是不同的。前者不仅是一个经济管理概念，而且是法律范畴的概念；后者只是一个经济管理概念。换言之，前者是权力加行政组织，后者是行政组织，即管理组织。

人们主要以图例的形式学习企业经济管理组织结构。

（一）企业经济管理组织的内容

企业经济管理组织的内容包括：其一，建立组织；其二，规定职责；其三，赋予职权；其四，规定协作；其五，配备人员；其六，培训激励。

（二）制定企业经济管理组织的原则

1. 目标明确化原则

企业经济管理组织结构设置的出发点和终点只能是企业的任务和目标，这就要求企业必须从实际出发，按目标设结构，按任务设岗位，按岗位配干部。衡量企业组织结构设置是否合理的最终标准只能是组织结构是否能促进企业任务目标的实现，而不能取其他标准。

2. 专业分工和协作原则

现代企业经济管理工作，由于专业性强、工作量大，应分别设置不同的专业管理部门，以提高工作质量和效率。同时，由于各项专业管理之间有密切联系，所以必须采取正确措施，创造协作环境，加强横向协调。

3. 统一指挥和分级管理原则

组织结构设置应该保证指挥的统一，这是现代化大生产的客观要求。为此必须做到：第一，实行首脑负责制。每一个管理层次都必须有一个总负责人，避免多头指挥或无人负责。第二，正职领导授权制。正副职之间不是共同负责关系，而是上下级的领导关系，由正职确定副职的岗位职责并授予必要职权。第三，逐级管理，即"管理链"制。各个管理层次都应当实行逐级指挥和逐级负责，一般情况下，不应越级指挥。

此外，按照集权和分权相结合的原则，使各级管理层在规定的职责范围内，根据实际情况迅速且正确地作出决策。这不仅有利于高层领导摆脱日常事务，集中精力处理重大经营问题，而且有利于调动下级人员的主动性和积极性。

4. 责、权、利对应原则

为了建立正常的管理工作秩序，企业管理者应该明确一定职位、职务要承担的责任，同时还应该规定其具有的指挥和执行的权力范围。责任和权力要对应，防止有责无权或权力太小、有权无责或权力过大所形成的两种偏差。第一种偏差将影响管理人员的积极性、主动性，使责任制形同虚设；第二种偏差将助长滥用权力和瞎指挥的风气。

责任制的贯彻还必须与相应的经济利益相结合，以调动管理人员尽责用权的积极性，否则，责任制会缺乏必要的动力，将无法持久贯彻。

5. 有效管理幅度和合理管理层次原则

管理幅度又称管理强度、管理跨度，是指一名上司直接管理的下属人数。一名上司能够有效地领导下属的人数，就称为有效管理幅度。有效管理幅度受管理层次、管理内容、管理人员工作能力、组织机构健全程度和信息传递反馈速度等因素的影响。一般来说，上层领导主要负责战略性决策，以3~5人为宜；中层领导主要负责日常业务决策，以5~10人为宜；基层领导主要负责日常管理工作，以10~15人为宜。

管理层次是指管理组织系统分级管理的各个层次。一般来说，管理层次与管理幅度成反比关系。管理层次越多，管理的中间环节越多，信息传递速度越慢，信息失真越大，办事效率越低；管理层次过少，也会导致指挥不力、管理真空。因此，企业在设计组织结构时，必须妥善处理好有效管理幅度和合理管理层次之间的关系，以提高管理效率。

6.稳定性与适应性相结合的原则

企业管理组织必须具有一定的稳定性，这样能使组织中的每个人工作状态都相对稳定，相互间的关系也相对稳定，这也是企业正常开展生产经营活动的必要条件。同时，企业管理组织又必须具有一定的适应性，因为企业的外部环境和企业的内部条件是不断变化的，如果管理组织、管理职责不能适应这种变化，企业就会缺乏生命力、缺乏经营活力。贯彻这一原则时，企业应该在保持管理组织稳定性的基础上进一步加强和提高其适应性。

二、企业经济管理组织结构图的制作要求

企业经济管理组织结构图一般采用文字排列方式，它的特点如下：

第一，经济管理组织结构图可以直排，也可以横排。采用宝塔形图式的，要按所管辖机构名称，一个层次一个层次地排列；采用拼音文字的企业，如英文、西班牙文、法文、俄文等，只能横排，竖排也不是不可以，但其文字必须换一个方位，即"直表横字"。

第二，每一岗位加一方框，这样看起来比较整齐美观。

第三，每一岗位或职位用线条，按照上下级及横向联系的关系，用不同符号连接起来。一般情况下，一条单线表示领导与被领导的关系，两条线可表示监督与被监督的关系，一条虚线可表示相互间平行的、协调的关系。

第四，企业经济管理组织结构图可以用单色，也可以用彩色打色底；可以画背景，也可以不画背景，应当根据场地、环境和企业管理者的需要而定。例如，挂在办公室、会议室等长期使用的经济管理组织结构图一般不用彩色图表，以示庄严；在一些临时性

会议室、展览室或一些公开性的场合，可以用彩色图表，以便和其他展品相协调，增加美观。

三、企业经济管理组织结构图的举例

（一）直线制管理体制

直线制管理体制组织最简单，能统一指挥，权责划分明确，但要求每个层次的行政领导者都通晓多种业务知识并亲自处各种问题。故此种形式只能适用于规模较小的企业。它在工业发展初期被普遍采用，不适宜于现代化工业企业。

（二）职能制管理体制

职能制管理体制的组织形式同直线制管理体制恰好相反，它的各级行政领导者都配有通晓各门业务的专业人员和职能机构作为助手，可以直接向下发号施令，这种体制在泰勒提出科学管理制度时曾盛行一时。在此种管理体制下，每个下层机构和下层员工都有多个顶头上司，出现了多头领导的混乱现象，使权责无法统一，故后来逐渐被直线－职能制所取代。

（三）直线－职能制管理体制

此种管理体制形式是前面两种管理体制的结合应用，即专门性业务由职能机构协助各级行政领导处理，但上级职能部门和职能人员不能对下级行政领导或职能人员直接下达命令（对下级职能人员可作业务上的指导），只能由上级行政领导者下达。这样，既保持了各级领导者的集中统一指挥，又发挥了专业人员的咨询参谋作用，具有集中领导与分散管理相结合的优点。

随着企业的发展，此种体制进一步延伸，又形成了直线－职能和委员会相结合的形式。

（四）事业部管理体制

上述三种企业经济管理体制基本上能在一个独立经营的工厂施行，但由于企业生产规模不断扩大，作为一个企业化的公司，其所生产的产品不止一种或一类，而是多种多样（性质相近）的；其所属工厂不止一个，工厂所在地区也不止一个，工厂可以遍布国内以至于世界各地。所以，为了在世界市场竞争中获得生存和发展，就必须有与之相适应的企业经济管理体制。这类企业通常采用事业部管理体制，即"联合分权式"的管理结构，它一般在总公司下面按产品或地区划分为不同的事业部或分公司。这些事业部或分公司是独立核算、自负盈亏的利润中心。其最大的特点是总公司只保留预算、重要人事任免和方针战略等重大问题决策的权力，其他权力尽量下放（下放多少则因公司的具体情况而异）。这样做能保持公司管理的灵活性和适应性，发挥分公司或事业部的管理职能作用。

（五）矩阵结构管理体制

这是一种将按职能划分部门同按产品、服务或工程项目划分部门结合起来的组织形式。在这种组织形式中，每个成员既要接受垂直部门的领导，又要在执行某项任务时接受项目负责人的指挥。其主要优点是灵活性和适应性较强，有利于加强各职能部门之间的协作和配合，有利于开发新技术、新产品和激发组织成员的创造性。其主要缺点是组织结构稳定性较差，双重职权关系容易引起冲突，还可能导致项目经理过多和机构臃肿。这种组织结构主要适用于科研、设计和规划项目等创新性较强的企业。

（六）多维立体组织结构

多维立体组织结构是事业部和矩阵结构的综合发展，这种结构形式由三类管理组织机构结合而成。如按产品（项目）划分出学业部，形成产品利润中心；按职能划分出专业参谋机构，形成专业成本中心；按地区划分出管理机构，形成地区利润中心。在这种组织结构形式下，一般由三类管理组织机构的代表组成产品事业委员会，通过协调才能采取行动。

多维立体组织结构能够促使每个部门都从整个组织的全局来考虑问题，从而减少了各部门之间的矛盾。即使各部门之间发生了摩擦，也比较容易统一和协调。这种组织结构适用于跨国公司或规模较大的跨地区公司。

第三章 现代企业经济管理的发展与创新

第一节 现代企业经济管理创新理论分析

管理就是人们以计划、组织、领导和控制等基本活动为手段，对所掌握的资源进行合理的利用和分配，从而达到组织目标的一个实践过程。为了进一步理解这一实践过程，首先，人们应认识到管理是在一定的组织架构下实施和实现的，不存在没有组织的管理。其次，对组织进行管理的目的是实现组织目标，在实现组织目标的过程中，要做到充分地利用组织资源，实现组织资源的最大化利用。最后，在进行管理的整个过程中要运用必要的手段，这些手段包括计划、组织、领导和控制四种。对于管理过程中四种手段的运用，并不是完全孤立和程序化的，而是相互交叉的，同时也是一个不断循环的过程。

在实施管理过程中，企业要随着环境的变化做出新的计划，并依据计划组织资源，然后用领导手段引领组织资源配置，最后用控制手段组织资源向组织目标流动，并通过对结果的反馈进一步调整计划。在领导和控制过程中，根据需要不断地完善、调整计划，并进行相应的组织安排。除此之外，也要对计划中的变量和方向进行一定的控制。

我国著名管理专家周三多提出，除了以上四个职能，管理还有第五个重要职能——创新。创新的主要功能是促使企业更加有效地持续运行、健康发展，创新职能更像是管理中的一个动力之源，但是，只有与其他四个职能相结合才具有价值。管理的创新职能与其他四个职能紧密相连，在不同的时期，随着创新职能的变化，管理的其他四个职能也会有相应的变化。

一、管理观念创新

管理观念是整个企业管理过程的核心内容,是对企业实施各种管理措施的基本指导思想。管理观念的确定是一个复杂的过程,它涉及对企业经营外部环境的把握、对企业所拥有的资源和能力的细致分析,以及对企业战略目标的确定,经过对各个方面的协调和整合,最终确定企业的基本指导思想。企业的管理观念具有相对稳定性,一旦确定就不易改变。企业的管理观念和具体经营过程相互影响、相互促进。管理观念创新是提出一种崭新的、不同于以往的经营思路,这种经营思路不仅对所有企业的经营活动来说是新颖的,而且对某一企业的经营活动来说也是新颖的。只要这种经营思路被证明是切实可行的,那么这就是一种管理创新。

管理观念创新是整个企业管理创新的出发点,是思想创新。现代企业经营管理过程中,经营管理理念正在发生巨大的变化,由注重物的管理向注重人的管理方向转变,由注重有形资产的管理向注重无形资产的管理方向转变,由企业间的绝对竞争关系向企业间竞争与合作并存并逐步寻求共赢转变,这些都体现了企业的管理理念正在发生巨大且深刻的变动。这些企业管理理念的变动极大地促进了企业经营管理效率的提高。所以,企业在进行管理创新的过程中,最重要的就是进行一场深刻的管理理念创新,这需要不断地学习和探索,不断地对内自省,并引进外来先进的管理人才和管理经验。人的一切活动均源于思想,管理思想、观念的创新居于整个管理创新的核心位置。

二、战略管理创新

战略管理创新对于企业的生存和发展有着举足轻重的作用,它是企业进行管理创新的灵魂,因此也是企业管理创新的一部分。企业在进行管理创新的过程中,应当把握好战略创新的节奏,着眼于全球竞争的大视角。企业进行战略创新时,应当把握好自身的核心竞争力,通过不断地发展核心竞争力来适应外部环境的发展变化,并力图引领变化潮流,从而实现企业的可持续发展。管理的创新是战略创新在微观层面的操作,要实现企业的战略创新就必须不断改变企业的经营管理方式,通过管理的创新使得企业以一种不同的方式运行,这充分说明了战略管理创新对企业创新的重要作用。

三、组织机构创新

组织机构创新，即创立一个崭新的组织或者对原有的组织架构进行整合，从而得到一个更有效率的组织架构，新形成的组织能够在企业的目标实现过程中正常地运行，并起到促进作用。在管理过程中，其对象必然指向某一组织。因此，组织机构创新就成了管理创新的基础。随着知识经济时代的到来，组织正在经历十分深刻的变革，组织之间的共享性和虚拟性正在逐步增强，组织之间正在构建一种超高共享性的网络，而管理层级的扁平化也促使人际关系变得更加平等。

在新型组织体系中，知识和专业技术占据更加重要的地位，逐渐形成以技术和知识为基础的业务单元，这是组织形式的一大创新。业务单元的组织形式具有极强的适应性和工作弹性，因此能够产生诸多创意性的业务解决方案。同时，这种不同的组织状态需要企业采用与以往不同的方法进行管理，否则将会妨碍组织效能的发挥。组织机构创新，推动着管理不断进步。企业在组织机构创新的过程中要特别注意结合内外环境，遵循组织运行的基本规律，把组织运行的实际效果作为最为可靠的检验指标。为了能够成功地实现组织机构创新，企业一方面必须做到组织机构内部的决策分散化，即要根据市场的变化和企业自身的经营状况，制定出有针对性的应对措施；另一方面要建立平行流程网络下的组织结构，这不仅有利于企业内部高效的信息传递和交流机制的建立，也能确保企业内部各部门之间的有效沟通，还能促进企业决策的高效传达和运行。

四、制度创新制度

创新，即设计一种新的管理方法或标准，这种管理方法或标准如果有效，就会使企业的整体管理或者部分管理更为有效，这就是一种管理创新。通过不断改进企业的管理制度，企业的管理制度会不断促进企业的发展，企业的整个资源整合利用过程会更加合理，最终使整个企业运转更加流畅。

五、产品及服务创新

产品及服务创新主要包括生产、品牌、技术工艺、营销及客户服务等方面的管理创新，主要基于市场的变化。企业应主动调整产品本身、产品的生产方式、产品的品牌定位与组合、产品的生产工艺、产品的销售方式、产品的售后服务等一系列的生产经营活动，其核心宗旨在于使持续整合、改良、优化的管理活动能适应企业产品发展战略的需求，进而满足消费者需要，使企业创新价值实现最大化。上述各个管理活动中，营销模式的管理创新尤为重要，这是因为对企业来说，其生存的关键首先来自市场，只有拥有广阔市场的企业才能够不断发展。一旦市场逐步萎缩，企业就会岌岌可危。在营销的整个过程中，市场信息由一线销售人员向企业传播，信息传播的速度严重影响营销的质量和数量。所以，企业必须建立起网络化的信息传递模式，从而提高营销过程的信息传递和反馈速度。从另一方面讲，网络化的销售平台能够改变过于传统的"一对一"的销售方式，减少企业的成本和负担，进而为企业带来额外的利润，提高企业竞争力。对于销售模式的管理创新，虽然网络平台是很重要的一个方面，但是销售的管理创新也不限于此，销售的管理创新应当注重一切可迅速传递信息的手段和方式，并创新客户与企业的沟通方式，以便客户的诉求能够在最短的时间内进入企业的供给规划中。销售模式的管理创新实质是管理创新的一大动力，涉及企业生死存亡的领域总能激起企业的深思熟虑和深刻改革，这也为人们研究管理创新提供了一个新的视角。

六、管理创新实施原则

管理创新是企业的一种资源整合创新，这种创新并非随机产生的，而是在企业全体员工思维的碰撞和摸索中产生的。所以，企业要实现管理创新是有迹可循的。在企业的管理创新过程中，要确立相应的原则，以此作为整个创新过程的引导和约束，具体的创新过程不能超越原则的制约，否则将会导致管理创新走向歧路。这些具体的管理创新原则包括与市场变动相接轨，与本企业实际状况和发展阶段相契合，以及坚持以人为本的企业管理创新根本策略。

（一）紧随市场变动

企业进行管理创新的根本动力来自对不断变化的市场状况的适应，为此，企业管理创新必须紧随市场变动的步伐。企业在创新过程中，要紧紧把握市场的脉搏，完善市场竞争机制，及时掌握各种涉及本行业的信息和动态，并据此做出相应的调整。这样不仅能够实现企业发展的目标，还能够使企业走在行业的前列，提高经济效益。

（二）契合本企业状况

管理创新的根本目的在于提高本企业的管理水平，促进本企业效益的提高，所以企业管理创新不可照搬所说的经典模式，而应当对其做出适当的、适合自我状况的改进。在管理创新过程中，要时刻将自我发展的阶段和实际状况作为出发点，只有把握这个出发点才能设定合理的目标，制定合理的计划，而不是好高骛远、邯郸学步。

（三）坚持以人为本

在管理创新过程中，最重要的资源就是人，所以坚持以人为本具有非常重要的意义。人不仅仅是高层管理者，还包括所有与企业经营有关的人员，如一线的业务人员、工作人员和技术人员。因为他们能够更真切地知道什么样的改进能更好地促进企业运行的效率。同时，以人为本，尊重企业中每个人的观点和建议，能够在无形中使得每个人将自己当作企业的一部分，尽心尽力地为改进企业运行中的不足献计献策，为企业管理创新提供思路和创意。

第二节 现代企业经济管理的意义和存在的问题

在企业经营管理中，企业经济管理是一项尤为重要的管理活动。在当前的新形势下，虽然我国企业在经济管理方面积累了丰富的经验，并取得了一些进展，但是在实际的企业经济管理过程中，依然存在着不足。企业必须采取有效措施，以此来提高企业经济管理的水平和质量。新形势给企业带来了机遇和挑战，企业只有深刻理解企业经济管理创新的意义,认真分析当前企业经济管理中存在的问题,不断探讨企业经济管理创新策略,深化企业经济管理创新体制,才能获得长久的发展,在市场经济中立于不败之地。

一、企业进行经济管理创新的意义

企业开展经营活动的最终目的是追求最大化的效益,用最低廉的成本谋求最大化的经济效益是企业的一项长远工作。在市场竞争日益激烈的新形势下,如果能够实现企业经济管理创新,企业就能够实现经济效益最大化。企业进行经济管理创新,一方面能够保证资金的合理使用,提高资源的使用效率;另一方面能够降低企业的生产经营成本,实现企业利益的最大化。因此,企业经济管理创新是在新形势下发展的必然要求,企业必须清楚地认识到经济正朝着知识化、市场化、信息化和全球化的方向发展。只有建立、健全企业经济管理创新体制,企业才能更好地掌握市场信息,以应对各种新的挑战。

二、新形势下企业经济管理存在的问题

企业经济管理是企业在激烈的市场竞争中可持续发展的关键。随着我国经济体制改革的不断深入,我国企业虽然在经济管理方面取得了一些进展,但是仍存在诸多问题,值得人们更加深入地探讨。

(一)企业经济管理观念滞后

企业的经济管理观念直接影响企业经济管理工作的开展,所以必须得到企业全体员工的重视。传统的企业经济管理观念将目光主要放在如何获得企业的最大收益上;新形势下,企业经济管理的观念则需要以人为本,在实现可持续性发展战略目标的前提下,推动企业经济效益的提高,从长远上增强企业的核心竞争力。

(二)企业经济管理组织结构松散

企业经济管理离不开专业的管理组织和管理人员,然而就目前的情况看,我国企业的经济管理组织机构还不够专业和完善,企业经济管理人员专业能力参差不齐。这些因素严重地制约了企业的经济管理与发展。

（三）企业经济管理制度不完善

虽然企业制定了相关的经济管理制度，但是在实际工作中没有得到很好的实行，多是流于形式，没有发挥其应有的作用。面对当前的新形势，企业的发展速度远远超过制度的更新速度，这也导致了新形势下企业经济管理制度与企业实际经济水平不均衡，企业对经济发展中存在的一些问题也无法及时、有效地处理。

第三节 现代企业经济管理应采取的创新策略

一个企业的精髓就是该企业的经济效益。经济效益不仅是判断某个企业运行是否良好的关键标准，更是企业之间相互竞争的依据，提高资金使用效率正是提高经济效益的前提条件。因此，加强企业经济管理、提高资金使用效率，在企业经营过程中占据着核心地位，是每个现代企业都不可忽视的重要问题。随着经济全球化与一体化进程的不断加快，市场竞争日益激烈。在此时代背景下，企业要想在竞争中脱颖而出，必须不断更新设备设施，提高经济管理水平，不断创新，让企业的经济管理更好地服务于生产经营，认识到经济管理创新对企业发展的重要性，但目前我国企业的经济管理过程还存在着不少问题。

一、企业经济管理创新的重要性

（一）经济改革的要求

企业经济管理作为优化和整合企业资源的重要手段，从某种程度上讲，可以看作一种生产力的表现形式。当今市场经济正处于高速发展的时期，科学技术的更新日新月异，知识经济和互联网经济在社会中的作用也不断凸显。企业在新经济时代下，如果不加强对经济管理的创新，就会落后于其他企业，不能适应时代的发展和市场经济的发展，也会在竞争中处于不利地位。

（二）企业发展的需求

对于不同的企业而言，其经营的环境和管理体系是不同的，但是影响企业经营环境和管理体系的因素是基本相同的。首先，企业经营环境和管理体系都受到了全球经济化趋势日益加强的影响；其次，企业经营环境和管理体系都受到了以知识经济为主体的新经济发展形势的影响；最后，企业经营环境和管理体系都受到了互联网技术发展的影响。在外部环境逐渐开放的情况下，企业在国际市场中的竞争压力越来越大。就现状而言，新经济环境和新经济形势既是挑战也是机遇，企业要加强竞争实力，必然要创新经济管理。

二、经济管理的职能

随着企业各项制度的不断完善，以及组织结构的不断建立健全，作为企业管理核心内容之一的经济管理，其具体的管理和职能内容也在发生着变化。企业经济管理的职能，其实就是企业的经济管理通过企业的再生产环节体现出来的功能。具体来说，经济管理的职能受到两方面内容的影响：一方面，受到财务工作本质的影响；另一方面，受到来自管理的理论和实践发展的影响。随着现代社会的经济利益体制和关系逐渐复杂，企业给经济管理划定的范围逐渐扩大，而且也赋予了经济管理职能更多的可能性和更大的权限。经济管理的主要职能体现在以下几个方面：

首先，财务计划职能。它主要体现在规划和安排未来某一个时间段的财务活动。

其次，财务组织职能。它主要体现在按照一定的顺序和关系，科学地对财务系统中相关的各种因素、各个部分进行合理的组织整理。

再次，财务控制职能。这一职能的设立是十分有必要的，是为了及时发现和改正财务工作中的失误和偏差。

最后，财务协调职能。这是为了避免一些不必要的财务纠纷，从而利用各种合理的财务协调手段和途径等来维护企业内部良好的人员配合关系，以及舒适的财务环境。

自从经济管理被企业管理独立划分出来并得到广泛使用后，其职能也得到了相当快速的发展。

三、现代企业经济管理中的创新策略

（一）加强对企业经济管理理念的创新

企业要实现对经济管理的创新，就要先实现对企业经济管理理念的创新。要正确理解企业经济管理理念创新的概念，切实贯彻理念创新。纵览我国企业现状，陈旧的经济管理理念仍阻碍着我国企业经济管理的发展，大部分企业管理者思想观念落后，思想更新意识薄弱，竞争意识、危机意识不强。所以，企业要大力倡导理念创新，将理念创新视为经济管理创新的根基，日后的其他管理创新机制都要以理念创新为基础。

企业经济管理理念创新不仅纠正了陈旧、过时的思维模式，还通过独特的视角、思维方法、管理机制为企业经济管理创新提供了指导，在企业中树立了创新管理与科学管理的理念，真正做到了创新管理，让企业的生产经营在理念创新的道路上越走越远。企业只有掌握了先进的管理理念，才能更好地带领企业员工实施创新活动。企业高层领导要重视理念创新。例如，在企业内部营造积极向上的创新环境，让企业所有员工在创新氛围的感染下，积极地学习和创新，掌握必要的创新知识，具备必要的创新能力。在当前市场经济环境发展的新形势下，企业在市场中的竞争压力越来越大。因此，企业应该树立危机意识，制定战略管理机制，从市场环境出发，结合企业当前存在的实际问题，做到统筹全局。

（二）加强对企业经济管理制度的创新

企业要实现管理，离不开企业制度的支持。企业在经济管理创新中，也受到了企业管理制度的制约。因此，企业要实现经济管理的创新，就要加强对企业经济管理制度的创新。企业应该坚持以人为本的人性化管理机制，为企业员工创造良好的发展条件，加强对人力资源管理的重视，完善人力资源管理制度，建立健全监督机制和决策机制，并让企业的所有员工都积极地参与进来，调动员工工作的积极性。

（三）加强对企业经济管理组织模式的创新

在企业经营发展的过程中，经济管理组织也发挥着巨大的作用。有效的经济管理组织可以提高企业经济管理效益，因此企业要认识到企业经济管理组织模式的重要性，加强对经济管理组织模式的创新。首先，在管理组织的建设上，要实施柔性化的管理方式，促进管理组织的多样化；其次，要实现企业经济管理模式的扁平化，简化企业的组织层次，提高企业的经济管理效益；最后，要促进虚拟化管理机制的建立，借助先进的计算机技术对经济管理组织进行合理的规划，实现对经济管理信息的整合，从而建立起一种无形的经济管理机制，促进企业经济的发展。

随着经济全球化进程的加快和市场经济改革的完善，企业承受的竞争压力越来越大。创新作为企业发展的基本动力，也是企业提高竞争实力的基本途径。企业要想在当下获得更好的发展，提高企业在市场中的竞争实力，就必须重视经济管理，针对企业当前存在的问题，制定有效的经济管理创新对策，不断提高自身的经济管理水平。

第四节 现代企业经济管理与创新

在市场经济体制下，我国社会主义市场经济体制日益完善，企业需要依靠创新，特别是制度创新来赢得更大的市场份额、获取更大的市场竞争力。经济管理主要指企业依托自己的长远规划和战略目标，通过系统理论来发现企业管理中的不足，并提出有针对性的解决措施，以期提高企业的核心竞争力，增加企业的经营利润，提高企业的可持续发展能力。

一、当前企业发展的环境概况

面对疲软的国际市场需求，我国企业如何实现持续、良好的发展成为目前的研究热点和难点。在外部环境变化的影响下，国内企业需要重新规划自己的发展战略，不断评估市场需求的变化情况，以期通过企业自身的变革来适应后金融危机时代和欧债危机期间的发展环境。企业的经济管理强调系统管理方法，要创新企业经济管理制度，就必须全面审视企业当前的内部制度与外部环境的匹配程度，重点从企业的生产、人力资源、内部控制等方面进行突破。经济管理创新是全方位的，既有企业管理理念、危机意识方面的构建和创新，更有制度方面的完善和变革，只有真正做到现代化的、全方位的自身管理制度革新，才能够适应新的市场环境。

知识经济已经成了当前企业发展环境的典型特点。在知识经济时代，必须运用各种信息化手段，唯有紧紧抓住信息化变革的脉搏，重视各种先进信息技术的运用，尤其要重视现代化决策系统的构建，才能够在实质意义上变革企业的作业流程、精简企业的管理层次，实现信息传递、消息反馈和管理效率的三重提升。企业要变革经济管理制度，就必须高度重视企业管理人员的思维模式、管理理念的现代化和科学化，及时、主动地更新自身的知识结构，为企业的经济管理创新提供必要的智力支持。

（一）企业进行经济管理创新的必要性

1.经济管理创新是新形势下更新企业管理理念的必然要求

虽然我国企业在适应市场经济体制、参与国际市场竞争方面的进步巨大，但是与有着几百年市场经营经验的国外企业相比，还有许多地方需要变革。缺乏先进的管理理念是我国企业普遍存在的问题。不少企业已经充分认识到了企业革新经济管理的重要性，但由于各方面的原因，只有少数的企业取得了良好的实际表现。"拖后腿"的管理理念使得不少企业只能够进行表面的经济管理革新，没有本质上的突破。其突出表现为，企业采用旧的管理理念指导企业的一切运营和制度革新，导致企业无法完全适应市场经济体制的各种运行规则，最终阻碍了企业的长远发展。

2.经济全球化是新形势下更新企业管理理念的外在动力

世界经济的联系日益密切已经成了不争的事实，其他国家的经济波动会直接反映在国际市场中，并有可能对本国的经济发展产生不利影响。面对日益激烈的国际市场竞争环境，我国企业单纯依赖低成本优势占领国际市场的时代正在渐渐远去。通过实现企业经济管理创新，提高产品质量、突出企业特色、增强企业创新能力，已经成为企业实现可持续发展的必要条件。通过对最近几年国外企业发展战略调整的观察，可以发现，国外企业都在不约而同地进行自我变革，努力突出自己的特色和优势，这给我国企业的发展提供了参考。

3.制度落后是新形势下更新企业管理理念的内部原因

我国企业在自身制度建设方面，不论是制度现状，还是重视程度，均与国外企业存在着较大的差距。面对日益激烈的市场竞争，我国企业为了获得更大的生存空间，就必须进行自我变革，推进企业经济管理变革。实践表明，有很多企业因为缺乏先进的管理制度，导致企业管理制度的先进性无法得到体现，内部控制也难以得到有效落实。目前，不少企业的内部控制目标定位偏低或者脱离实际，而且由于这些目标过于形式化，没有办法保证企业内部控制运作的高效性和规范性，使得企业的协调机制无法统一，最终导致企业经营效益的下降。

（二）在新的历史形势下企业进行经济管理创新的途径和方法

1.以先进理念作为指导思想

在新的历史形势下，企业要进行经济管理创新，就必须用先进的理念作为指导。只有在先进理念的指导下，才能够确保经济管理制度创新方向和原则的正确性，保证企业的创新规划符合企业的根本发展战略，保证企业制定出科学、合理的管理策略和执行方法。具体而言，在企业进行经济管理创新的过程中要贯彻先进理念，就必须做到以下两点：

第一，坚持上下结合的理念贯彻路径。企业的管理层和领导者需要自觉地掌握先进理念，作为企业发展的领头人，他们的经营理念是否先进将会直接决定企业的发展状况。除此之外，企业职工也是执行先进理念的一线人员，他们的理念是否先进，也会直接影响企业各种管理制度、经营方针的执行效果。因此，贯彻和落实先进理念需要企业高层和企业基层的共同努力，让企业的全体人员均能够以先进的理念创新经济管理，并高效执行各种相关政策。

第二，要勇于破除旧理念。破除旧理念需要极大的勇气和卓越的见识。企业领导层在逐步纠正旧理念的过程中，要循序渐进，严禁急功近利；坚持步步为营，让企业在彻底消化一部分新理念的基础上逐步推动新理念的落实，避免因为行动的过激和过急导致企业无所适从。

2.实现经济制度的完善与创新

制度的完善与创新能够让经济管理改革持久地发挥作用，这是在探索企业经济管理创新过程中总结出的重要经验。企业经济管理的创新成果需要通过建立制度来巩固。要完善和创新相关制度，企业必须学会通过建立约束性条款的方式，让企业自身和全体员工依照相关规定自觉运行，并使企业和全体员工之间的联系变得更加密切。

为了激发企业潜在的创新能力，需要构建全面、有效的激励体系，让员工的各种有益创新行为都能够得到奖励，形成示范效益，进而增强整个企业的创新氛围和创新活力。另外，与制度创新相匹配的组织建设和组织创新也应该同步进行，让组织成为制度得以落实的有力载体，从而推动企业的全面可持续发展。

3.强化企业的内部控制管理

第一，加强对企业各部门的调控。企业的内部控制是经济管理中重要的组成部分，一些以财务为依靠的企业不能适应市场经济发展的要求，所以需要财务部门做出相应的改变，使财务管理向着全面化的发展趋势发展。

第二，完善企业监督体系。随着市场经济的发展，完善一定的财务内部监控工作，对于竞争激烈的市场经济体制有着不可估量的作用。企业应以财会控制为核心，实行内控机制，以此来提高财务等部门认真、负责的态度，避免各种不合规章制度的行为发生。

4.提高企业的信息化技术实力

信息化技术是实现经济全球化和经济一体化的基本保证，是当代社会化生产高速发展的首要条件之一。进行能有效降低成本和加快技术的革新，可以帮助企业转换经营机制，并推行现代企业制度，从而增强企业产品的市场竞争力。当前，企业信息化实现的标志之一就是对信息的快速反应能力，它是检验整个企业的工作效率和其产业链在市场中的竞争力的重要浮标。实现企业信息化，既是社会改革的需求，也是企业适应市场发展的需要。当前，随着我国企业信息化技术的不断发展，企业内部的改革不断地深入，绝大部分企业的管理方式正在向创新管理的方向迈进。想要在未来更加激烈的市场中站稳脚跟，企业必须变革管理方式，加强管理信息化创新方面的建设。

在新的历史形势下，企业的经济管理制度必须要与时俱进，不断适应变化的客观环境，满足企业新环境下的发展需求。因此，创新企业经济管理制度，必须要高度契合企业的发展宗旨，有清晰、明确的经营目标和管理措施，能够保证获取完成企业发展目标的各种必需资源。

二、企业经济管理创新存在的主要问题

对一个企业而言，创新能够使其适应内外部环境的变化，打破系统原有的平衡，创造企业新的目标和结构，实现新的平衡状态。没有创新就没有发展，特别是在当前市场波动剧烈、企业生存压力大的背景下，只有坚持企业经济管理创新，才能将企业计划、组织、领导、控制等职能推进到一个新的层次，使其适应环境的变化，赢得竞争的优势。

（一）企业经济管理创新重形式、轻落实

创新的重要作用已经得到了企业上下的普遍认可，但在如何落实方面，许多企业还存在着重形式、轻落实的问题。原因有以下三点：

第一，管理层缺乏对经济管理创新的正确认识。当前，企业管理者往往将更多的精力投入到企业设备升级、人力资源培养等方面，缺乏对经济管理创新的全面认知，使得创新的力度不够，效果不佳。

第二，工作人员缺乏创新经济管理的动力。经济管理人员往往依照企业传统的管理模式和经验，在工作中照搬照抄以往的方式，缺乏对经济管理创新的必要认识，创新力度不足。

第三，企业上下缺乏经济管理创新的氛围。一些中小型企业多为家族式、合伙式，没有将创新作为企业发展的核心动力，并加以落实。

（二）企业经济管理创新缺乏人才支撑

人才是企业经济管理实施的关键，但在实际工作中，企业经济管理工作人员存在不少问题，影响了创新的形成。其一，观念不正确。许多工作人员都将创新当成企业管理层的行为，没有充分认识到创新对自身的作用，往往是被动式地工作，而对能否更好地提高工作质量没有足够认识。其二，动力不足。企业对员工创新的鼓励措施不到位，没有充分调动员工的积极性，影响员工发挥作用。其三，监管不得力。企业内部管理不规范，没有给予经济管理行为科学的评估标准，干好、干坏的差距不明显，造成了企业管理效果低下。

（三）企业经济管理创新缺乏必要保障

企业经济管理活动是一个涉及企业方方面面的系统工程，其创新的实现需要一定的条件作为保障。但在实际的工作中，许多企业由于缺乏必要的保障，导致创新难以实现。其一，经济管理组织不合理。一些很好的创新方法难以得到有效的落实，而且组织结构的不合理也导致了企业经济管理效率不高。其二，经济管理评价不科学。企业评估经济管理工作的体系不科学，使得相关人员的工作标准也不明确，影响了工作的质量和效果。其三，缺乏必要的奖励机制。许多企业对经济管理创新没有给予足够的奖励，只是照搬照抄其他企业的经验，而不能针对自身的特点采取必要的创新举措，导致经济管理的效果低下。除此之外，对一些有着一定价值的创新模式没有加以落实，对相关人员给予的

奖励不足，也造成了员工对企业经济管理创新的兴趣不足，影响了企业经济管理创新的开展。

三、企业经济管理创新应把握的重点环节

企业经济管理作为企业的一项核心工作，其创新价值对企业的发展具有重要作用，因此要抓住以下几个重要的环节，以点带面，促进企业经济管理质量的跃升。

（一）经济管理的观念创新是基础

经济管理必须紧密结合市场的发展变化和企业现实的特点，不能一味地沿袭传统的模式，因此要建立与时俱进的意识。

第一，管理层要建立"创新是核心"的意识。企业管理层要将创新作为企业管理的重点，将创新作为考评员工工作质量的重要依据，为其提供良好的外部环境。

第二，工作人员要建立"创新是职责"的意识。要培养工作人员创新的内在动力，使其将随时改进管理模式、创新工作方法作为工作的重要职责，加以贯彻落实。

第三，员工要建立"创新是义务"的意识。要积极鼓励普通员工加入企业经济管理创新的活动中，集思广益，实现企业经济管理质量的提升。

（二）经济管理的技术创新是保障

要发挥当前科技进步的优势，就要将电脑、网络、自动化平台等先进的设备加入经济管理活动中。

第一，建立完善的管理数据库。企业经济管理涉及企业的方方面面，因此建立完善的数据库能够有效地提高管理的质量和效益，为管理人员提供精确的数据，促进管理质量的提升。

第二，建立亲民的管理平台。要建立科学的互动平台，让员工有通畅的渠道反映问题，提出建议，支持经济管理工作的改进，如建立企业论坛、聊天群等。

（三）经济管理的组织创新是关键

组织模式代表了一种对资源的配置方式，包括对人、财、物、资源及其结构的稳定

性安排。特别是在当前信息量大、市场变化剧烈的环境下，如何建立可以适应市场要求、满足企业发展需要的管理组织模式就成了企业经济管理创新的关键。

第一，建立精干的管理组织，即通过职能分工细化等方法，结合先进的科技手段，建立精干的管理组织体系，以摆脱传统的机构臃肿、人浮于事的问题。

第二，培养核心的团队精神，即通过企业文化的影响、管理结构的改变，提高企业管理人员的凝聚力、向心力，形成企业经济管理的合力，为创新的落实提供可靠的保证。

第三，树立高效的组织形式，即通过分工合作、责任追究等方法，促进企业管理模式的改变，实现高效、务实的管理。

（四）经济管理的人才培养是核心

第一，加强对现有人员的培养。对企业现有的经济管理人员，可以通过在职培训、脱岗培训等方式，提高其素质，促进管理质量的提高。

第二，提高新进人员的素质。在新进人员的招录方面，提高标准，改变传统的以学历为条件的方法，对其创新能力、综合素质等进行考核。

第三，科学规划人员的发展。企业要为经济管理人员的发展提供保障，在岗位设置、薪酬等方面给予其保障。

四、网络经济下企业财务管理的创新

进入 21 世纪以来，随着网络通信和多媒体技术的迅速发展，网上企业、虚拟企业等新的企业系统应运而生，网络经济逐渐形成。网络经济改变了人们传统的资本、财富和价值观念，使财务管理环境发生了变化，给企业参与市场竞争带来了新的机遇与挑战，在企业经营管理创新方面发挥了重要的推动作用。财务管理作为企业经营管理的重要组成部分，面临着能否快速应用新技术、适应网络经济的新挑战。

（一）财务管理目标的创新

网络经济的重要标志之一是人类生产经营活动和社会活动网络化。财务管理必须顺应潮流，充分利用互联网资源，从管理目标、管理内容和管理模式等方面进行创新。

传统的财务管理目标以"利润最大化""股东财富最大化"或"企业价值最大化"

为主，它是由于物质资源的稀缺性和使用上的排他性等原因造成的（从物质资本占主导地位的工业经济时代开始），体现了股东至上的原则。然而，在网络经济下，人力资源、知识资源在企业的资源中占据主导地位，企业相关利益主体发生了改变。若财务管理的目标仅被归结为股东的目标，而忽视了其他相关主体，则必然会导致企业各主体的冲突，最终损害企业的利益，阻碍财务管理内容的创新。

1.融资、投资创新

在传统经济形式下，企业的融资是指以低成本、低风险筹措企业所需的各种金融资本；投资资金的运用，主要指固定资产投资和项目投资。

在网络经济下，人力资本、知识资本的管理是企业财务管理的重心。因此，企业融资、投资的重心将转向人力资本和知识资本。目前，在网络经济下，企业的竞争就是人力资本和知识资本的竞争，哪个企业拥有了人力资本和知识资本，便拥有了发展、生产的主动权。因此，筹集知识资本和储备人力资本将成为网络经济下财务管理的重要环节。

2.资本结构优化创新

资本结构是企业财务状况和发展战略的基础。网络财务中资本结构的优化创新包括以下几个层面：

第一，确立传统金融资本与知识资本的比例关系。

第二，确立传统金融资本内部的比例关系、形式和层次。

第三，确立知识资产证券化的种类、期限，非证券化知识资产的权益形式、债务形式，以及知识资本中人力资本的产权形式等。

通常情况下，企业资本结构的优化创新通过投资与融资管理实现。只有优化资本结构，使企业各类资本形式动态组合，达到收益与风险的最佳配比，才能实现企业知识占有量和使用量的最大化。

3.收益分配模式创新

在网络经济下，企业资源的重心转向人力资源和知识资源，有知识的劳动者成为企业的拥有者。企业的资本可分为物质资本和知识资本。企业的拥有者发生了变化，收益分配模式必然随之改变。收益分配模式由传统的按资分配变为在企业的物质资本和知识资本的各所有者之间进行分配，按照各所有者为企业做出贡献的大小及其所承担风险的大小进行分配。

财务管理模式只有从过去的局部、分散式管理向远程、集中式管理转变，才能实时监控财务状况，以回避高速运营产生的巨大风险。企业集团利用互联网，可以对所有的分支机构实行数据的远程处理、远程报账、远程审计等远距离财务监控，也可以掌握如监控远程库存、销售点经营等业务情况。这种管理模式的创新，使得企业集团可以在互联网上通过网页登录，轻松地实现集中式管理，对所有分支机构进行集中记账，集中调配资金，从而提高企业的竞争力。

（二）网络经济下企业财务管理的缺陷

网络经济是以互联网为载体运行的经济形式，也是电子商务充分发展的经济。由于经济活动的数字化、网络化，出现了许多新的媒体空间，如虚拟市场、虚拟银行等。许多传统的商业运作方式将逐渐消失，取而代之的是电子支付、电子采购和电子订单；商业活动将主要以电子商务的形式在互联网上进行，使企业购销活动更便捷，费用更低廉，对存货的量化监控也更加精确。这种特殊的商业模式，使传统的企业财务管理的缺陷暴露无遗。

在网络环境下，电子商务的贸易双方从贸易谈判、签订合同到货款支付等，无须当面进行，均可以通过计算机在最短的时间内完成，使整个交易远程化、实时化、虚拟化。这些变化，首先对财务管理方法的及时性、适应性、弹性等提出了更高要求，并使得企业财务分析的内容和标准发生了新的变化。传统财务管理没有网络在线办公、电子支付等手段，使得财务预测、计划、决策等各环节工作的时间都相对较长，不能适应电子商务发展的需要。另外，分散的财务管理模式不利于电子商务的发展，不能满足新的管理模式和工作方式的需要。

在传统经济形式下，财务管理的结算资料主要来自财务会计的成果，借助经济数学和统计学的一些基本方法，能对以财务报表为核心的会计资料进行处理，并据以预测未来经济条件下企业可能达到的损益状况。在网络环境下，电子商务能在世界各地瞬间进行，通过计算机自动处理，企业的原料采购、产品生产与销售、银行汇兑等过程均可通过计算机网络完成。

在网络经济下，传统企业财务管理会遇到网络交易安全问题。由于财务管理中涉及的交易用户由传统的面对面交易变成了通过互联网交易，而互联网体系使用的是开放式的 TCP/IP 协议，并且以广播的形式进行传播，因此交易用户的信息很容易被窃取和篡改。即使是有合法身份的交易人，由于进行的是无纸化交易，交易的另一方也可能会抵赖,从而给网络交易安全带来极大威胁。传统的财务管理多采用基于内部网的财务软件,没有考虑来自互联网的安全威胁,而企业财务数据属于重大商业机密,如遭到破坏或泄露,将造成极大的损失。

(三)网络经济下财务管理创新的实施构想

企业财务管理创新是网络经济全球化的客观要求,也是企业发展的当务之急。

网络经济的兴起,使给企业创造财富的核心要素由物质资本转向人力资本和知识资本。因此,企业必须转变观念,不能将重心只放在物质资本和金融资本上。首先,企业财务只有坚持以人为本的管理,充分调动员工的积极性、主动性和创造性,才能从根本上提升企业财务管理的水平;其次,企业财务人员必须树立正确的风险观,善于观察和面对复杂的竞争环境,能够科学、准确地预测市场环境中的不确定因素;最后,要重视和利用知识资本。企业既要为知识创造及其商品化提供相应的经营资产,又要充分利用知识资本,以此使企业的利润持续增长。

加强财务人员的网络技术培训。在以数字化技术为先导的网络经济下,财务管理创新的关键是网络技术的普及与应用。对财务人员进行网络技术培训,可以提高财务人员的适应能力和创新能力,这是因为已经拥有经济和财会理论基础的财务人员再学习现代网络技术,便可将经济、财会、网络有机地结合,从多角度分析新经济环境的需要,并制定合适的财务策略。同时,技术培训可使财务人员不断汲取新的知识,开发企业信息,再根据变化的理财环境,对企业的运行状况和不断扩大的业务范围进行评估和风险分析。只有这样,财务管理人员才能适应网络经济发展的要求,实现对财务管理的创新。

五、电子商务企业的管理创新

当前,电子商务浪潮席卷全球。电子商务不仅彻底改变了现有的作业方式与手段,而且能充分利用资源、缩短商业循环与周期、提高运营效率、降低成本、提高服务质量,因此电子商务的发展将为企业带来前所未有的发展机会。电子商务将对厂商的生产行为、市场营销、企业组织、国内外贸易的手段和方式等产生巨大的冲击,并将引起经营管理思想、行为模式及管理理论和方法的深刻变革。

（一）电子商务对企业管理的重要影响

1.电子商务对企业人力资源管理的重要影响

现如今，市场的竞争已经逐渐转变为人力资源的竞争，做好人力资源管理工作，能够更大限度地提升企业的竞争力。电子商务作为一种新型的生产力，由电子商务技能型的人才控制，它使得企业在人力资源的引进、奖励、培训、录用及测试等方面的工作都变得更加容易，且所需要的费用也有所降低；同时，借助电子商务进行人才招聘的方式已被更多的企业采纳，相关的人才流动手段和人才测评等也日益流行起来，企业与员工之间的交流也变得更加自由、顺畅，这不仅促使了企业的人力资源管理工作更好地跟上时代发展的步伐，而且也带动了企业其他工作的改革与创新。

2.电子商务对企业财务管理的重要影响

传统意义上的财务管理模式已经无法满足最新形势的发展要求，电子商务的发展与进步要求财务管理要逐步实现从静态事后核算到参与企业经营过程的、动态性的方向转变，从具有独立职能、内部性的管理模式向资金流、信息流、物流的集成性管理的方向发展，从封闭式、单机性的财务数据处理手段向集成化、互联网的方式迈进。总之，在电子商务的发展要求下，企业的财务管理必须要具有战略性、智能性、预测性及实时性等特征，督促财务管理工作不断完善与进步。

3.电子商务对企业生产管理的重要影响

在实施电子商务之后，企业的各个生产阶段都能够运用网络进行联系，传统意义上的直线生产也可以逐渐转变为网络经济背景下的并行生产，这样可以节约诸多不必要的等待时间，在提高生产效率的基础上，督促企业更好、更快地完成对现场管理与全面质量的管理。电子商务对企业生产流程的重要影响可以概括成生产过程的现代化、低库存生产及数字化的定制生产等，这些影响促使企业的生产、供应、配送与设计各环节更加有条不紊地进行。

（二）电子商务背景下企业管理创新的良好策略

1.重视企业人力资源管理的改革与创新

在知识经济时代，人力资源在社会各行各业发展中的重要性不言而喻，尤其是在电子商务背景下，企业更要重视人力资源管理工作的创新。首先，企业不能坐等电子商务环境逐渐成熟与完备，而是应当根据实际发展情况，积极、有效地运用现有的便利条件，充分发挥电子商务在人力资源的录用、引进与培训等方面的优势，开发适合企业发展的人才培养模式，并且通过电子商务专题会议、主题性的拓展训练活动、邀请外界专家来企业指导等多种方式，使电子商务模式在人力资源管理中的普及力度得到进一步的加强。其次，企业领导者要经常深入员工的日常工作和生活，加强与员工的沟通和交流，鼓励员工针对电子商务积极地提出自己的想法与建议，从而在集思广益的前提下，为电子商务的合理运用提供必要的帮助，同时，拉近了与员工之间的距离，督促企业开展更有针对性的人力资源管理工作。

2.加强企业财务管理的创新

面对知识经济和电子商务、经济全球化等浪潮的冲击，企业的财务管理工作只有不断地完善与创新，才能在这股浪潮中冲出一片天地。其一，注重财务管理理论的创新。把企业投资决策的重点放在企业的无形资产、财务目标的变化等方面，规定人力资本所有者参与企业税后的利润分配等，让完善的理论指导财务实践顺利进行。其二，注重财务管理手段的创新。在电子商务背景下，企业要结合自身财务的实际情况，构建、完善财务管理信息化系统，实现从传统的纸质数据、电算化的初步磁盘数据到网页数据的过渡和转变，帮助与引导企业逐步实现企业财务和业务的协同，以及审计、查账、远程报表等动态性的管理。在减少管理成本的情况下，不断地提高财务管理效率，让财务管理工作更好地跟上时代发展的步伐。其三，注重信息系统的安全建设。除了必要的防火墙设置、用户权限规定、常规性的检查等工作，还要派遣专业人士定期或者不定期地针对电子商务背景下财务管理的走向，对该信息系统进行实时的补充与完善，让企业的整个财务工作进入更加科学、合理的轨道。

3.强调企业生产管理的创新

目前，我国企业处于电子商务不断发展的大环境中，对其生产管理也提出了更多的要求。重视企业生产管理的创新，不仅是企业应对电子商务发展要求的重要举措，更是企业实现长足发展的保障。企业要重视现场管理。首先，从生产基层开始，对人、生产方法、物料和设备等多方面进行有效的管理与控制，构建更加科学的基层管理体制，将成本管控与工作质量提升融入生产过程中，从而使效益更高、成本更低、质量更好。其次，重视产品的低碳性设计和营销。一方面，要强化低碳产品的生产工艺与设计；另一方面，要强化外部营销，在降低营销成本的基础上不断地推陈出新，发掘出更适合企业产品发展的广阔平台，这不仅是满足电子商务发展要求的关键环节，更有利于企业的长足发展。最后，要注重对"软实力"的完善，即企业文化。企业文化的构建与完善是一个长期的、系统的工程，是通过树立一种新型的价值观念、道德观念与职业理念等而营造出的一种良好的工作氛围。因此，企业领导者要采取诸如完善员工手册的内容、设立文化宣传栏、组织以特定文化为主题的拓展训练活动等方式，让企业文化迅速影响员工的思想及工作，逐步培养员工对企业发展的使命感与责任感，在使各项生产管理质量得以强化的同时，也为电子商务在企业中的顺利推行提供重要的"软实力"基础。

六、建筑企业档案管理创新

建筑企业档案管理最主要的创新方向是对建筑企业的档案进行信息化管理，使建筑企业的档案管理从传统的管理模式发展成信息化管理模式。档案信息可以用于解决企业面临的纠纷和问题，为企业减少不必要的损失；可以间接地为企业带来经济效益，属于企业的无形资产。建筑企业如果实现了对档案管理的创新，并进行信息化管理，在一定程度上，可以解决建筑企业因基地分散、施工单位流动性大、施工期限长等带来的档案收集整理难度大、管理烦琐等一系列问题。

（一）建筑企业档案信息化管理的必要性和特点

1.建筑企业档案信息化管理的必要性

档案资源是指国家机构、社会组织和个人在社会活动中形成的对国家和社会有价值的档案综合。当前，由于计算机技术和网络技术的快速发展，对传统的档案管理进行创新时，必然要向着网络化、电子化、动态化、信息化的方向发展。建筑企业之前的档案管理主要依靠人工进行建筑档案的分类整理、使用检索等，所以工作效率较低。如今，建筑工程档案的数目日益增多，工程资料、图纸数量也很庞大，依照传统的档案管理方式管理这些档案，不仅难以保存和翻阅，还不符合节约型社会的要求。这就需要人们对档案管理进行创新，并且，信息化时代的到来也给建筑企业的档案管理提供了发展方向。建筑企业档案管理必须采用新的发展模式，在档案管理工作中，要探索新的管理方法，使建筑企业档案管理可以保持创新性，不断提高建筑企业档案管理的科技含量。

2.建筑企业档案信息化管理的特点

对建筑企业档案进行信息化管理，可以实现档案的信息化存储，自动化查取档案；

可以对档案信息进行实时共享。由于档案信息化管理具有智能化的特点，可以进行社会化服务。

（二）当前建筑企业档案信息化管理面临的问题

虽然电子信息技术给建筑企业档案管理创新指明了发展方向，并且带来了新的机遇。但是，目前对建筑企业的档案进行信息化管理还存在很多阻碍。

1.档案安全问题

对建筑企业的档案进行信息化管理虽然有种种优势，但是也存在缺陷。例如，计算机系统和网络化技术本身的安全性无法得到保障，硬件资源容易被人为破坏或被自然灾害破坏，软件资源和信息化系统也容易受到病毒破坏。同时，因为内部管理措施不够完善，建筑企业档案管理信息化的安全性问题也有待解决。

2.没有相关标准和法律

因为档案管理本身就是一件复杂的事情，档案管理的信息化又是一个新兴的档案管理方法，同时，存在建筑企业基地分散、施工单位流动性大、施工期限长等问题的工程档案一般会进行多头管理。因此，标准化问题成为档案信息化管理的一大难题。另外，档案管理信息化作为新兴事物，相关法律条文较少，若出现问题，很难运用法律手段解决。

3.相关技术支持不全面，缺乏技术人员

在建筑企业信息化管理过程中产生的电子文件在其保管条件、保管期限等方面有局限性。如果不能很好地加以保存，那么最终不仅不能给建筑企业带来便利，反而会阻碍建筑企业的发展。在档案进行信息化管理的初期，需要对很多纸质档案进行扫描转化，但是当前多数单位配备的扫描仪数量少、转化速度慢，无法在短时间内将纸质档案转化为电子档案。而且，既掌握信息技术又懂得档案管理专业知识的人才匮乏，无法满足档案信息化管理的需求。

（三）建筑企业档案信息化管理问题的解决办法

1.建立档案信息化管理的可追溯系统

建筑企业不同于其他企业，对其档案进行管理需要建立可追溯系统，对文件自动进行生成、修改，保留文件的原始状态。在设计建筑企业档案的可追溯系统时，需要考虑

到文件自动生成的可靠性，为其进一步发展提供条件。

2.制定信息化档案的使用制度

建筑企业在实行档案信息化管理模式后，一定要制定相应的规章制度。首先，要制定统一的档案格式标准；其次，在对档案进行相关查阅和利用时，也应制定相关制度，档案的利用者要按照制度填写利用原因和利用内容。在进行档案利用时，要使用专门的软件，防止档案被恶意修改或者被传播。因为档案进行信息化管理必然会产生相关的电子文件，这时，要按照国家的相关安全保密制度对电子文件进行保密，保证系统的安全。

3.完善技术支持，进行技术人员培训

建筑企业档案信息化管理的相关技术支持需要符合当前信息化技术发展的状况，吸收信息化技术的新成就，保证档案的长期安全。针对相关技术人员匮乏的问题，可以对工作人员进行相关培训，提高他们的工作素养和工作技能。在对建筑企业档案管理从业人员的培训中，应该增加档案信息化管理的相关培训，使他们掌握相关档案信息化管理的知识技能。

第四章 财务会计的基本理论知识

第一节 经济环境与财务会计演变

资本是趋利的，在信息不对称的资本市场上，投资人之所以愿意将其拥有的财务资本让渡给管理者管理，企业之所以能够筹集到经营发展所需的资金，财务会计及其报告的地位和作用不可忽视。在经历了与资本市场之间的相互制约和互动发展后，从传统会计分离出来的财务会计在确认、计量、记录、报告等方面进行了一次次的革新，形成了相对独立的财务会计理论体系，这一理论体系随着经济的发展与资本市场的变迁也在不断地丰富和发展。

一、信息不对称与财务会计

在所有权和经营权分离的情况下，企业的管理者与外部的投资人所拥有的企业信息并不对称，这一信息不对称会产生逆向选择和道德风险的后果。前者因为企业的内部人（诸如管理层等）比外部股东或债权人拥有更多关于企业当前状况和未来前景的信息，所以内部人可能以牺牲外部人的利益为代价来牟取私利；后者则表现为外部的股东或债权人不能观察到管理层的努力程度和工作效率，管理层因此而偷懒，或者将经营失败的原因推卸给外部不可控因素。

如果"知情"的管理层作为内部人员，能够遵循"自我道德约束"来编制财务报表，以提供给外部信息使用者作为决策依据，那么资本市场的信息不对称状况将因为管理层"自愿披露"行为和投资人的信任而得到缓解。但是道德规范并不总是有效的，究其原因在于会计信息是一种复杂的、重要的"商品",不同的人对其会有不同的反应,由此会影响个人决策,进而影响市场的运作。

作为会计信息的主要载体,公开披露的财务报表是由公司的管理层编报的,而依靠会计信息进行相关投资决策的外部投资人则处于信息劣势地位。为了保证会计信息的真实与公允,先由"公认会计原则"(Generally Accepted Accounting Principle,GAAP)或会计准则直接规范财务报表的内容及形式,再由独立审计加以验证。如果 GAAP 是高质量的,又有独立审计验证由其产生的会计信息的质量,那么财务报表提供的信息质量就有合理的保证。

二、资本市场环境下财务会计理论的发展

资本市场是国家市场体系的核心,它在促进社会资源有效配置及资产有效分布的同时,也发挥着信息集聚地的作用。投资人、债权人及上市公司等利益集团或个人都需要了解上市公司的财务状况、经营成果及现金流量状况等信息,并根据这些信息做投资决策。美国提出,财务报告的首要目标就是"提供对投资和信贷决策有用的信息",公允价值就是一个与其密切相关的重要且颇有争议的概念。

(一)公允价值

尽管在本质上适应工业经济的历史成本会计仍然占据主要地位,但人们发现它已经越来越不适应经济的发展。一些对企业价值产生重要影响的事项和情况,如金融衍生工具、自创商誉、生物资产、人力资源已经无法被传统会计体系所反映。投资人和信贷者在让渡以现金为主的资源使用权后,都希望在未来获得公平的现金回报,而根据过去的历史成本无法预测未来,以及为正确的决策带来直接的帮助,因此人们在竭力寻求一个能够弥补这一缺陷的新的财务会计模式。

自 1990 年开始,道格拉斯·布里顿就公开倡议所有金融机构都按市场价格报告所有的金融投资数据。他认为,公允价值是金融工具最相关的计量属性。西方国家的准则制定机构都纷纷响应,努力扩大公允价值计量属性在财务报告中的应用。

公允价值是对未来交易的估计,是估计未真正发生但将进行现行交易的价格,而不同于历史成本是以过去的交易或事项为基础的交换价格。公允价值与历史成本的主要区

别在于：第一，公允价值不是建立在已发生的交易的基础上，而是建立在意图交换的双方虚拟交易（非现时交易）的基础上。第二，公允价值不是在现实交易中达成的交换价格，而是在未实现的交易基础上的市场价格。

公允价值是在没有真实交易的条件下，对意图进行的现行交易价格进行的估价。也就是说，公允价值是在双方已愿意进行现实交易，但是尚未存在实际交易的情况下，对交易中的资产或负债进行的预估。作为一种计量属性，公允价值计量的目标是在缺少实际交易的情况下为资产和负债估计现实交易价格。这种估计是参照假定的交易来确定的，采用的估价技术有市场法、收益法及成本法。无论采用哪一种估价技术都必须注意三个原则：第一，采用的估价技术应该保持一贯性。第二，估价是为了寻求可靠的公允价值，因此只有在产生更可靠的公允价值时，才应变更估价技术。第三，估计公允价值必须以市场信息为数据源头。

与公允价值密切相关的概念是现值。美国财务会计准则委员会曾经在第 5 号概念框架里将"未来现金流量的现值"作为会计的一项计量属性。随后，美国财务会计准则委员会经过数十年的研究，在第 7 号概念框架中明确否定了上述观点，提出了"未来现金流量的现值"技术是估计公允价值的手段。现值并不一定代表公允价值，因为用一个随意设定的利率对一组现金流量进行折现就可以得到一个现值，但是这样做并不能为使用者提供有用的信息，所以在运用现值技术估计公允价值时，要符合或大致接近交易双方自愿达成的金额。

（二）业绩报告的改进——综合收益表

在历史成本计量模式下，企业在初始计量后，只需要考虑摊销或分配，并不需要在后续期间考虑持有资产价格的变化，即不会形成未实现的利得和损失。但是，如果采取公允价值在内的现行价值计量，就必然会产生未实现的利得和损失。在现行会计实务中，对资产持有期间的价值变化的处理并不统一，有的计入了当期损益，有的计入了所有者权益，还有的允许同一项目在上述两种方法中进行选择，这种处理方式直接影响了收益表的信息含量。传统收益表的不完整使得使用者无法了解报告主体在一个会计期间全部的财务业绩，进而也就无法对未来的结果和现金流动做出评估。由此，以综合收益表对会计主体的业绩进行完整的报告成为今后会计的发展方向，日益得到理论与实务界的重视。

综合收益概念的内涵在于确认收益要遵循"资产负债观"，而不是"收入费用观"。

不过，目前的综合收益表包含的内容除了传统损益表的内容，还包括限定项目所形成的其他收益，也就是说，其仍然以"收入费用观"为基础，但是在向"总括收益观"逐渐靠拢。

"资产负债观"是指利润在剔除所有者与企业的经济往来后，企业在某一期间内的净资产变动额。"资产负债观"强调的是保全企业资本，认为资本被保全后才能计算利润；而"收入费用观"则认为利润是收入和费用配比的结果，如果收入大于费用则为盈利，反之则为亏损。"收入费用观"有两个基本观点：一个是"当期经营观"，另一个是"总括收益观"。前者认为企业的经营业绩应体现来自经营活动的结果，不应包括非经常性损益；后者则认为企业在存续期间，各个会计年度报告的利润之和必然等于该企业的利润之和，如果非正常损益不包括在当期利润中，就可能导致后期利润被高估。因此，总括收益应根据企业在某一特定期间的所有交易或事项所确认的有关企业业主权益的全部变动（不包括企业和业主之间的交易）进行确认。

纵观财务业绩报告的改革趋势，在保留传统利润表的基本结构下，将综合收益表纳入业绩报告体系的思路已经被大多数国家的准则制定者所考虑或接受。财务会计准则委员会针对财务业绩报告提出了两种建议格式：第一种是在传统利润表的基础上，单独设计一张综合收益表，与传统利润表共同反映全面的财务业绩。综合收益表以传统利润表的最后一行作为该表的第一行，以"综合收益总额"作为最后一行。第二种是单一报表格式，即将传统利润表与综合收益表合二为一，称为"收益与综合收益表"，在该报表中，传统利润表的最后一行——"净收益"作为综合收益总额的小计部分。尽管这一格式将综合收益纳入同一张表内，便于使用者分析，而且无须增加新表，但是由于将净收益作为收益总额的小计部分，可能会降低利润表的重要性，有许多人反对。

（三）会计准则：由"规则基础"转向"原则基础"

举世瞩目的美国《萨班斯-奥克斯利法案》在某种程度上可以说是由安然、世通等财务造假案件引发出台的。该法案不仅要求组建公众公司会计监察委员会，加强对独立审计师的监管，还在会计方面采取了一项重大措施，即提出了新的会计准则制定方式。该制定方式改变了原来以规则为基础的制定方式，转向了以目标为导向、以原则为基础的制定方式。

有观点认为，美国的会计准则以规则为基础，而安然事件中的一个关键词，即"特殊目的主体"，就是在美国会计准则的规则基础背景下产生的。但也并不是说引入"实质重于形式"的原则就可以避免该事件的发生，只是能约束安然的部分欺诈行为。如果引入"经济人"假设和会计准则具有经济后果的假设，对此问题的回答就不是用"能"或者"不能"可以解决的，问题将会复杂化。

在"经济人"的假设下，人是自利的，是期望在现有的规则范围内能够最大限度地实现自我利益的。如果会计准则具有经济后果，他们就会利用所有能够采取的手段，在现有的"政策"内寻找一切可能的空间，按照准则来设计其业务，进而创造性地产生"没有违反准则"的会计行为，这并不是会计准则希望达到的目的。可以说，以规则为基础的会计准则会引导会计信息的提供者更多地寻求对法律形式的遵守，而不是反映交易和事项的经济实质。

如果仅以原则为基础，会计准则的编制者及审计师在具体操作时将十分困难，因为即便是职业判断，也需要必要的指南。换句话说，现有的以"规则为基础"的会计准则会成为部分人规避会计准则真实意图的借口及手段。除此之外，单纯地强调抽象原则，也会导致会计准则在应用和操作方面的不可行。因此，以目标为导向、以原则为基础来制定会计准则是一种理性的选择。

制定这一准则的方式所具有的特征为：以已经改进并一贯应用的概念为基础；以明确提出的会计目标引导会计信息提供者及审计师更多地关注事项或交易的经济实质；提供充分且不模糊的有关目标的细节及结构；尽可能减少准则中的"例外"；尽量避免使用"界限（线）"进行界定或测试。

三、我国财务会计的发展与改革现状

（一）我国财务会计的发展历程

自 1992 年起，我国开始实行社会主义市场经济体制，企业真正成为市场中的经营主体，所有权性质呈现多元化，经济活动呈现复杂化。同年 10 月成立的中国证券监督管理委员会标志着我国证券市场正式建立，随之而来的便是公司上市、并购和重组、企业跨国融资等市场经济经营活动。与此同时，我国建立起与市场经济体制相适应的财务会计模式，并开始了以会计国际化为方向的会计改革路程。面对日益复杂化的经济业务形态，中华人民共和国财政部（以下简称"财政部"）和中华人民共和国国家经济体制改革委员会于 1992 年联合颁布了《股份制试点企业会计制度》及《企业会计准则——基本准则》，二者都借鉴了国际会计准则体系。基本会计准则颁布实施后，我国于1997年又颁布执行了第一个具体会计准则——《关联方关系及其交易的披露》。在具体准则陆续制定与实施期间，我国于1998年开始实施《股份有限公司会计制度》，后又于2001年颁布实施了《企业会计制度》。

由于国际上通行的会计规范是会计准则，我国在保持会计制度的同时，又要不断完善我国的会计准则体系。2006年2月15日，我国颁布了新的会计准则体系，包括1项基本会计准则和38项具体会计准则；2006年10月30日，又颁布了32项具体准则的应用指南。从整体上看，该准则体系充分实现了与国际惯例的协调，起点高、内容全面，充分体现了我国会计改革的国际化。该准则有关会计确认、计量和报告的标准更加准确，尤其在会计计量、企业合并、衍生金融工具等方面实现了质的突破。

（二）我国现行会计准则体系的主要变革

1.会计准则体系日趋完善

我国会计改革国际化的突出成果是形成了日趋完善的会计准则体系。目前，这一体系由1项基本会计准则、38项具体会计准则、32项应用指南及1个附录构成，同时废止了应用多年的会计制度。基本会计准则属于准则的一部分，具有法律效力，其目的在于规范具体准则的制定，这一点不同于财务会计概念框架。财务会计概念框架的目的在于提供一种理论支撑，不属于准则的组成部分。

2.用明确的理念指导会计准则的建立

现行准则体系的一个重要特色就是以"资产负债表观"为总的指导理念，淡化了一直在我国理论与实务界占据重要位置的"利润表观"，强调了考核企业的着眼点是可持续发展，要从净资产角度来判断交易的发生、企业的增值等，而不是当期的收益。

3.会计确认、计量和报告具有强制性

现行会计准则体系的核心是确认、计量和报告，因此其具有强制性；而有关会计记录的规定没有出现在具体会计准则或基本会计准则中，仅是以附录的形式规定了会计科目和账务的处理，在会计科目的设置方面也打破了原先的行业界限。企业的会计记录只要以准则为导向，不违背确认、计量和报告的有关规定，就可以结合实际情况做灵活处理。

4.突出强调了财务报告的地位与作用

国际会计准则改称为"国际财务报告准则",在某种程度上显示了财务报告地位的日趋重要,在我国现行的准则体系中也体现了这一点。我国现行的财务报告体系主要由报表和附注构成,对附注的有关规定体现了其规范化、结构化和国际化的特征。因此,投资人等信息使用者在利用会计信息进行相关决策时,不仅要依据报表,还要借助附注。财务报告在我国会计准则中的地位越来越重要。

5.广泛、谨慎地引入公允价值计量属性

尽管企业的历史成本具有较大的可靠性,但是对于投资决策来说,其相关性较弱,而公允价值对于经济业务(尤其是一些衍生金融工具业务)的决策具有较大的相关性。由于公允价值经常依据估计与判断,存在较大的风险和不确定性,所以我国根据实际情况在现行会计准则体系中广泛、谨慎地引入了公允价值计量属性。也就是说,尽管历史成本仍然是主要的计量属性,但如果存在活跃市场,就可以采用公允价值,因为公允价值有明确优势。

第二节 财务会计概念框架

财务会计概念框架是规范会计理论中最实用的部分,其研究起源于20世纪30年代的美国,早期主要涉及以财务会计基本概念、原则为主要内容的理论体系。直至20世纪70年代,财务会计准则委员会在一份题为《概念框架项目的范围和含义》的征求意见稿里正式提出了"财务会计概念框架"的说法。目前,一些国家和主要国际组织,如国际会计准则理事会及英国、加拿大、澳大利亚等国均效仿美国出台了各自的概念框架文件,并取得了积极的成果,相关的研究也成为财务会计理论的核心内容。

虽然各国对"财务会计概念框架"公告的名称并不一致,但其实质是基本相同的,即都是对财务会计和会计准则在制定过程中涉及的一些基本概念进行研究,以更好地指导会计准则的制定和会计实务,为其提供一个比较一致的概念基础,并作为评估既有会计准则质量的一个重要标准,指导发展新会计准则。

关于财务会计框架的逻辑起点的研究曾经有两种选择。在 20 世纪 50 年代，美国会计界试图建立"假设—原则—准则"的逻辑准则体系，但是最终以失败告终。在 20 世纪 60 年代，美国主流的会计理论研究提出了"会计是一个信息系统"，并以此为基础提出将会计目标作为财务会计概念框架的逻辑起点，以目标、信息质量、要素、要素的确认和计量为核心。

一、财务会计目标

当"会计的本质就是一个信息系统"的观点为人们所接受后，会计目标就成了财务会计概念框架的逻辑起点。由于在不同的社会经济环境里，信息使用者有差别，而财务会计的目标又密切依存于信息使用者的需要，所以并不存在完全一致的财务会计目标。综合分析各国的财务会计目标，主要涉及这样几个问题：谁是会计信息的使用者？会计信息的使用者需要什么样的信息？哪些信息可以由财务会计提供？为了提供这些会计信息需要什么样的框架？

（一）受托责任观和决策有用观

在回答上述问题的过程中曾经出现过两种有代表性的观点：受托责任观和决策有用观。这两种观点从对立到相互融合的具体情况，对于进一步了解会计目标的发展和演变有重要作用。

1.受托责任观

从历史角度看，受托责任观早于决策有用观。受托责任观最早产生于两权分离，委托代理关系明确稳定的经济背景下。受托责任观认为，在所有权与经营权分离的背景下，为企业资源的提供者创造尽可能多的财富是企业管理者的受托责任。会计目标应定位在提供经管责任完成情况的信息上，对会计信息质量的第一要求是可靠性，而可靠性又会对概念框架中的会计确认、计量及会计要素的界定等方面产生相应的要求。例如，对于会计确认，可靠性要求采用交易观，即只确认已经发生交易的经济业务，而对具有一定不确定性的尚未完成交易的业务不予确认。至于会计计量，可靠性要求以历史成本为主，而现行价值或未来价值因具有不确定性而被限制使用。

2.决策有用观

随着资本市场的产生和发展，企业所有者和经营者之间的关系变得模糊且不确定，对会计的要求更多的是要反映企业未来的发展趋势，仅提供经营者经营业绩的信息以反映其受托责任已经不能满足使用者对会计信息的要求。因此，决策有用观的会计目标登上了历史舞台。

决策是面向未来的。决策有用观认为，会计目标应定位在向会计信息使用者（包括现有和潜在投资人、信贷者、企业管理者和政府）提供有关未来现金流量的金额、分布和不确定性的信息，以帮助他们在预测未来时能产生有差别的决策。如果会计信息能够帮助投资人评价资产未来现金流的流量和风险，那么会计信息将有助于提升企业资源配置的效率。目前，这一观点已经成为研究财务会计目标的主流观点。

决策有用观对会计信息质量的要求除了可靠性，还强调相关性。不同于受托责任观下的会计确认和计量手段，该模式要求会计确认采用事项观，即会计要对包括尚未发生交易的资产价值变动在内的全部经济业务加以确认，而会计计量强调采用相关资产的公允价值。受托责任观和决策有用观并不是对立的两种观点，后者是前者的继承与发展。满足决策有用观的会计目标信息也能满足受托责任观的会计目标，早期受托责任观对企业利润的关注已经被决策有用观对企业未来现金流量能力的关注所替代。

（二）我国会计目标的定位

影响会计目标定位的因素主要是经济环境因素。由于我国实行的是国家宏观调控的国民经济管理体制，证券市场不发达，大众投资人比例较低，完全采用决策有用观不可行，应该兼顾受托责任观和决策有用观。

我国目前的财务会计目标是向财务会计报告使用者提供与企业财务状况、经营成果和现金流量等有关的会计信息，反映企业管理层受托责任履行情况，从而有助于财务会计报告使用者（包括投资人、债权人、政府及其有关部门和社会公众等）做出经济决策。具体来说，可以分为以下几方面：

第一，宏观经济调控。我国目前实行的是市场调节和国家宏观管理相结合的经济管理体制，由于市场经济体制尚未成熟，所以国家的宏观经济管理在整个国民经济管理中仍发挥主导作用。不论是上市企业还是非上市企业，都需要按照国家规定向有关政府监管部门提供其所需要的会计信息，以保证国有资产的保值增值，保证国家相关税费的稳定增长，维护社会主义市场经济秩序。

第二，完成受托责任。在两权分离的现代经营模式下，财务会计信息成为联系委托人与受托人之间代理关系的纽带，大量有关委托代理的企业契约是依托财务会计信息签订的。比如，盈利信息通常是衡量代理人努力程度的替代指标，委托人据其制定和执行奖惩计划；而从代理人的角度看，盈利信息则是其传递受托责任完成的信号。

第三，促进资本市场资源配置。资源是稀缺的，如何有效配置稀缺的资源是资本市场面对的重要问题。财务会计提供可信、可靠、不偏不倚、能够如实反映交易的财务信息，有助于评估不同投资机会和报酬，有助于促进资本和其他市场的有效运行。

二、财务会计信息质量特征

财务会计信息质量特征是连接会计目标和财务报告的桥梁，在整个概念框架中居于枢纽地位，这在各国的财务会计概念框架或类似的文件中都有提及。财务会计准则委员会认为，对会计信息质量特征进行界定，有以下作用：

第一，为制定与财务报告目标相一致的会计准则提供指南。

第二，为会计信息提供者在选择表述经济事项的不同方法时提供指南。

第三，增加会计信息使用者对会计信息有用性和局限性的把握，以便做出更好的决策。

（一）用户需求观和投资人保护观

目前，关于如何评价财务会计信息质量的观点有两大类，即用户需求观和投资人保护观。用户需求观认为，财务报告的质量由财务信息对使用者的有用性决定，财务会计准则委员会的概念框架就是这一观点的主要代表。财务会计准则委员会以决策有用性为目标，提出了一系列以相关性和可靠性为核心的财务会计信息质量特征体系。与用户需求观不同，投资人保护观认为，财务报告质量主要取决于财务报告是否向投资人进行了充分、公允的披露，因此诚信、透明、公允、可比和充分披露等特征成为该观点支持的会计信息质量特征。投资人保护观的支持者主要是美国证券交易委员会、审计准则委员会等组织或机构。

（二）会计信息质量的特征要素

表面上看，各国及国际会计准则理事会对财务会计信息质量特征的界定似乎大同小异，但是如果仔细比较和分析，就会发现各自不同的信息质量特征体系在名称、基本背景、层次结构及具体的属性定义等方面都存在差异。例如，相关性在大部分国家的概念框架中是主要的信息质量特征之一，但是其内涵并不完全相同。美国、加拿大强调预测价值、反馈价值、验证价值和及时性，英国强调预测价值和验证价值，而国际会计准则理事会和澳大利亚除了强调预测价值和验证价值，还强调对财务信息的性质及其重要性的关注。

由于美国在研究概念框架方面处于领先地位，其研究成果已成为各国及国际会计准则理事会在相关方面的研究背景。财务会计准则委员会总结的会计信息质量的特征要素如下：

1.相关性

相关性是指会计系统提供的会计信息与使用者的决策有关。基于"决策有用性"的会计目标，对决策最为有用的信息是"能够帮助信息使用者在预测未来时让决策有所区别"的信息，因此相关性成为保证会计信息质量的重要特征。会计信息的相关性还必须具有预测价值、反馈价值和及时性三个基本特征。预测价值是指会计信息要能够帮助投资人预测企业以后的财务状况、经营成果和现金流动情况。反馈价值是指投资人在获得会计信息后，能够据此修正以前的某些认识。会计信息的及时性要求相关工作人员必须及时收集会计信息、及时对会计信息进行加工和处理，并且及时传递会计信息。

2.可靠性

可靠性是指会计信息应如实表述所要反映的对象，尤其要做到不偏不倚地表述经济活动的过程和结果。可靠性具体可分为三个方面，即可核性、真实性和中立性。可核性是指不同的人依据相同的信息输入、遵循相同的会计准则，可以从会计信息系统中输出相同或相似的结果。真实性是指会计信息应该如实反映发生的经济活动，通常所说的会计信息失真就是指会计信息不能够真实反映企业的经济活动。中立性要求会计人员在处理会计信息时应保持一种中立的态度，避免倾向于预定的结果或者满足某一特定利益集团的需要。

3.可比性

广义的可比性是指财务会计信息在同一会计主体的不同时期和不同会计主体的同一时期可以进行比较，从而使用户能够比较某两个时点或某两个时期的交易或事项，以及财务业绩的相似之处及其差异的质量属性。其中，同一会计主体在不同时期的会计信息的可比性又称为一致性，按照一致性的要求，会计方法的选择在前、后期应保持一致。不同会计主体之间的可比性又可以称为狭义上的可比性，要求不同会计主体之间的会计政策具有相同的基础，会计信息所反映的内容基本一致。

4.可理解性

可理解性是指会计信息能够被信息使用者理解，这主要针对会计信息用户的质量特征。具体而言，就是要求财务信息应当被那些对商业活动和经济活动拥有理解能力，并且愿意花精力去研究这些信息的人士所理解。可理解性可划分为两类：与特定的决策者相关，或者与广大的各类决策者相关。

5.透明度

由于20世纪90年代美国上市公司存在严重的盈余管理情况，美国证券交易委员会非常关注这一情况，希望能从多个角度提高上市公司信息的质量。1996年4月11日，美国证券交易委员会在其声明中提出了三项评价"核心准则"的要素，其中第二项是"高质量"。对"高质量"的具体解释是可比性、透明度和充分披露。1997年，美国证券交易委员会前主席阿瑟·莱维特在关于"高质量会计准则的重要性"的演讲中明确提出，将透明度纳入高质量的准则特征体系中。由于透明度适用的领域很广，迄今为止，对透明度的定义并没有统一标准。从会计的角度，可以理解为是对会计信息质量标准和一般意义上的会计信息披露要求的发展。会计透明度是一个关于会计信息质量的全面要求，包括会计准则的制定和执行、会计信息质量标准、信息披露与监管等。因此，会计信息质量的透明度要求仅仅是其中的一个部分。

（三）我国财务会计信息质量特征体系

在2006年2月15日之前，我国并没有会计信息质量特征体系，但是在相关会计法律法规中都以一般原则的形式提及了会计信息质量特征。例如，1985年出台（于1993年和1999年修订）的《会计法》有"保证会计资料合法、真实、准确、完整"的法律要求；1992年颁布的《企业会计准则》提出了会计核算需要遵循的有关原则，包括真实性、相关性、可比性、一致性、及时性、可理解性、谨慎性、全面性、重要性九个会计信息质量特征；2001年颁布并执行的《企业会计制度》也提及了会计核算需要遵循的有关原则，包括真实性、实质重于形式、相关性、一致性、及时性、明晰性、可理解性、谨慎性、重要性九个会计信息质量特征。

目前，世界各国都高度重视会计信息质量特征体系的建立，我国也顺应这一趋势，在《企业会计准则——基本准则》（修订）中第一次明确了"会计信息质量要求"的形式，包括对会计信息质量在真实性（含可靠性）、相关性、明晰性、可比性（含一致性）、实质重于形式、重要性、谨慎性和及时性方面的要求。不过，由于我国并没有财务会计概念框架，所以这些质量特征还没有完整的理论支持，今后还需要对质量特征体系所涉及的约束条件、总体质量特征、限制性标准、关键质量特征、次级（及次要）质量特征等内容做深入的研究。

（四）国际会计准则理事会财务会计特征

与美国不同，国际会计准则理事会关于会计信息质量特征的内容是以"财务报表的质量特征"的形式进行阐述的。其中，可理解性、相关性、可靠性和可比性为处于同一层次的主要质量特征。相关性的构成要素分别为预测价值、验证价值、财务信息的性质及重要性。可靠性由忠实反映、实质重于形式、中立性、审慎性和完整性构成。由于国际会计准则理事会的概念框架不同于其他国家研究出台的概念框架，它主要是为了解决"众口难调"的突出问题，所以可比性是国际会计准则理事会极为关注的一个质量特征，不仅指出交易或事项的计量及列报的方法要一致，还要求将编报财务报表所采用的会计政策的变动及变动的影响告诉使用者。此外，国际会计准则理事会的"财务报表的质量特征"还对相关性和可靠性的制约因素进行了分解，具体包括及时性、效益和成本之间的平衡及重要性。

三、财务会计要素

财务会计作为一个信息生产系统，必然存在相应的会计对象，但是由于会计对象是一个抽象的概念，所以从会计对象到具体的会计信息必须经过从抽象到具体的处理步骤。这一具体化的步骤首先要将财务会计对象进行初次分类以形成会计要素，会计要素即会计核算对象的具体化形式，通俗意义上的会计要素就是财务报表的基本组成部分。

各国对会计要素的划分与定义不同，美国财务会计准则委员会定义了十个会计要素，分别是资产、负债、权益、业主投资、派给业主款、收入、费用、利得、损失、全面收益。国际会计准则理事会定义了五个会计要素，即资产、负债、权益、收入和费用，其中收益包括收入和利得，费用包括损失。我国借鉴了国际惯例，在财政部2006年修订的《企业会计准则——基本准则》中明确定义了六个会计要素，分别是资产、负债、所有者权益、收入、费用和利润。我国较国际惯例的规定多了一个利润要素，尽管利润是收益和费用的综合结果，并不是一个独立的要素，但它在我国一直是考核的重要指标，在企业管理中具有重要作用，所以我国仍将其看作一个单独的会计要素。

（一）资产

资产是指由企业过去的交易或者事项形成的、由企业拥有或者控制的、预期会给企业带来经济利益的资源。其中，企业过去的交易或者事项包括购买、生产、建造行为及其他交易或者事项，预期在未来发生的交易或者事项不是资产；由企业拥有或者控制是指企业享有某项资源的所有权，或者虽然不享有某项资源的所有权，但是该资源能被企业所控制；预期会给企业带来经济利益是指直接或间接导致现金及现金等价物流入企业的潜力。资产在符合上述定义的同时还需符合两个条件：其一，与该资源有关的经济利益很可能流入企业；其二，该资源的成本或者价值能够可靠地计量。

（二）负债

负债是指企业过去的交易或事项形成预期会导致经济利益流出企业的现时义务。现时义务是指企业在现行条件下已承担的义务，不包括未来发生的交易或者事项形成的义务。符合定义的义务还必须满足两个条件才能被确认为负债：其一，与该义务有关的经济利益很可能流出企业；其二，未来流出企业的经济利益的金额能够可靠地计量。

（三）所有者权益

所有者权益是指企业资产在扣除负债后由所有者享有的剩余权益，公司的所有者权益被称为股东权益。所有者权益的来源包括所有者投入的资本、直接计入所有者权益的利得和损失、留存收益等，其中直接计入所有者权益的利得和损失是指不应计入当期损益、会导致所有者权益发生增减变动、与所有者投入资本或者向所有者分配利润无关的利得或者损失。

（四）收入

收入是指企业在日常活动中形成的，会导致所有者权益增加，但与所有者投入资本无关的经济利益的总流入。收入的确认必须满足两个条件：其一，经济利益很可能流入，从而导致企业资产增加或者负债减少；其二，经济利益的流入额能够可靠地计量。

（五）费用

费用是指企业在日常活动中发生的，会导致所有者权益减少，但与向所有者分配利润无关的经济利益的总流出。费用确认需要满足两个条件：其一，经济利益很可能流出，从而导致企业资产减少或者负债增加；其二，经济利益的流出额能可靠地计量。

（六）利润

利润是指企业在一定会计期间的经营成果，包括收入减去费用后的净额，直接计入当期利润的利得和损失等。其中，直接计入当期利润的利得和损失是指应当计入当期损益、会导致所有权发生增减变动的、与所有者投入资本或者向所有者分配利润无关的利得或损失。

四、会计要素的确认和计量

（一）会计要素的确认

确认是指企业在交易和事项（经济业务）发生时，将一个项目按照会计要素正式予以记录，并按要素的项目计入财务报表中，它包括同时用文字和数字表述某一项目。在财务会计理论结构中，会计确认是一个重要环节，它决定了具体的经济业务何时以何种要素的形式计入财务报表，进而达到为信息使用者提供合乎要求的会计信息的目标。

会计确认可分为初始确认和后续确认。初始确认是指对某个项目或某项经济业务进行会计记录，比如记录资产、负债、收入或费用等；后续确认是在初始确认的基础上，对各项数据进行筛选、浓缩，最终列示在财务报表中。对每个项目进行确认的过程必须满足四个条件，即可定义性、可计量性、相关性、可靠性。若要对会计要素加以确认，必须在满足定义的同时符合相应的确认条件，如此，才能计入资产负债表或利润表。由于确认的最终目标是要进入财务报表，所以非正式列入财务报表的项目不需要进行严格的确认，通常在附注中加以披露即可。

会计确认的基础有收付实现制、权责发生制。收付实现制的字面表述是"现金基础"，要求在收到现金时确认收入，支出现金时确认费用。权责发生制与收付实现制相对应，具体来说，在权责发生制下是按照货物的销售（或交付）或者劳务的提供来确认收入，费用则按与其相关联的收入确认时间予以确认，不考虑现金支付的时间。目前，权责发生制是普遍采用的会计确认的基础。

（二）会计要素的计量

财务会计通常被认为是一个对会计要素进行确认、计量和报告的过程，计量在其中是一个核心环节。具体地说，会计计量是指确定将在财务报表中确认和列报的财务报表要素的货币金额的过程。随着社会经济环境的快速发展和会计技术的提高，传统的历史成本计量模式面临着前所未有的挑战。要使企业的财务报告能够真正公允地反映其财务状况、经营成果，并且能够充分披露与信息使用者决策相关的信息，就必须引入其他计量基础，比如公允价值等。目前，无论是财务会计准则委员会，还是国际会计准则委员会，抑或是其他国家会计准则委员会都在致力于解决财务会计中的计量问题。

1.计量理论的主要类别

计量理论可以分为两个派别，即真实收益学派和决策有用学派。真实收益学派要求计量的结果能够真实地反映企业的收益，而决策有用学派则要求计量的结果能够满足决策的需要。目前，后者已经成为一种主流。

2.计量属性

不同的会计信息需求导致出现了不同的计量模式，而计量模式主要由三个要素组成，即计量对象、计量属性和计量尺度。其中，计量属性是目前人们讨论最为激烈的一个话题。计量属性是指被计量客体的特征或者外在表现形式，具体到会计要素就是可以用货币对其进行量化表述的方面。我国结合国际惯例，在现行的基本会计准则中规定了五个计量属性，分别是历史成本、重置成本、可变现净值、现值和公允价值。

第一，历史成本。在历史成本计量下，资产按照购置时支付的现金、现金等价物的金额，或者所支付的对价的公允价值来计量；负债按照因承担现实义务而实际收到的款项、资产的金额、合同金额，或者按照日常活动中为偿还负债预期需要支付的现金、现金等价物的金额来计量。

第二，重置成本。在重置成本计量下，资产按照现在购买相同或者相似资产所需支付的现金或现金等价物的金额来计量，负债按照现在偿还该项负债所需支付的现金或现金等价物的金额来计量。

第三，可变现净值。在可变现净值计量下，资产按照其正常对外销售所能收到的现金或现金等价物的金额扣减该资产完工时估计要产生的成本、估计的销售费用及相关税费后的金额来计量。

第四，现值。在现值计量下，资产按照预计从其持续使用和最终处置中所产生的未来净现金流入量的折现额来计量，负债按照预计期限内需要偿还的未来净现金流入量的折现额来计量。财务会计准则委员会第7号概念公告认为，现值仅是一个分配方法，对其加以计算是为了探求公允价值，公允价值在财务会计准则委员会的概念框架中是取代未来现金流量现值的会计属性。

第五，公允价值。在公允价值计量下，资产和负债按照公平交易中熟悉情况的交易双方自愿进行资产交换或者债务清偿的金额来计量。

3.计量属性的应用

在会计实务中，对不同计量属性进行应用的情况并不相同。其中，历史成本应用于交易或事项发生时的某一项目的"初始确认"。只要该要素在后续期间继续为一个主体所持有，而且不加以处置，那么，即使资产的市场价格在以后发生了变动，其后也可以不用"重新估价"。如果该要素已完全没有使用价值，不再含有未来的经济利益，则可以对其进行"终止确认"。对历史成本的采用无须后续计量，这样能节约会计信息加工的成本。

对现行成本、公允价值等计量属性而言，它们都可以应用于交易或事项发生时对某一要素的"初始计量"。当这些要素完全或部分丧失经济利益时，需要进行部分或全部"终止确认"。但与历史计量属性不同的是，应用这些计量属性时，在后续年度都需要进行"后续确认与计量"，即每年都需要重新估计现行成本、公允价值等。作为对外会计，以财务报告的形式有效地向外部使用者提供合乎要求的会计信息是其最终目的。按照财务会计准则委员会概念框架的观点，财务报告的编制不仅包括财务报表，还包括其他传输信息的手段，其内容直接或间接地与会计系统所提供的信息有关。

无论是财务报表还是其他财务报告，都是用来向资本市场的投资人表述并传递与特定主体的财务状况、经营成果和现金流量相关的消息。

财务报表分为表内和表外附注两大部分，都要遵循公认会计原则，并经注册会计师审计。在财务报表表内进行表述，实质是"后续确认"的过程，即遵守相应确认的基本标准。对初始确认形成的日常会计记录进行后续确认，以文字说明与数字相结合的方式形成财务报表的主体，即表内内容。附注也是财务报表的一个组成部分，但是不同于表内，它可以只采用文字说明，并且在不更正表内确认的内容基础上对其进行解释或补充说明。为了区别，在附注中的表述称之为"披露"。

在附注中，披露的信息通常包括两部分：①法定要求披露的信息；②企业管理当局自愿披露的信息。法定要求披露的信息来源有两个：其一，会计准则。在会计准则中除了对确认和计量进行规范，还要指出应当披露的事项（主要在会计报表附注中）。其二，证监会颁布的披露准则。一般仅适用于上市公司。对其他财务报告进行信息披露主要由财务报表的局限性所引起。正如财务会计准则委员会在第 1 号概念公告中所指出的："某些有用的信息用财务报表传递较好，而某些信息则通过其他财务报告的形式更好。"在其他财务报告中，披露的信息可以不受通用会计准则的限制，也可以不经过注册会计师审计，但是要请注册会计师或者相关专家审阅。

回顾财务报告的发展过程，可以发现财务报告主体的变化较小，而报表外的各种补充说明和解释却越来越多，财务报告全文的厚度日益增加。尽管如此，人们发现不断扩充的财务报告仍然不能准确可靠地反映企业的经营风险和业绩，加强信息透明度仍然是资本市场的最大诉求。

第三节 财务会计的规范

信息是决策的依据。在证券市场日益发达的经济情况下，会计信息的提供者并非使用者。由于会计信息具有公共物品的属性，如果对供给缺乏必要的约束，就可能使受会计信息影响的市场失灵。在此背景下，为了保护处于劣势，而且不得不依靠管理层提供的会计信息进行投资或信贷等决策的外部使用者，必须依靠一些制度规范。其目的在于减少信息不对称的同时，尽可能地保证管理层提供真实、公允和透明的会计信息，这就引发了政府或社会民间机构对会计信息生产和消费机制干预的需要。干预的主要形式之一就是会计规范，要求企业按照真实、公正、充分、可比等原则进行加工和提供会计信息。

一、我国会计规范的基本构成

自 20 世纪 70 年代以来，我国逐步完成了从计划经济体制向市场经济体制的转变。目前，已经初步建立了以《会计法》为核心、以行政法规及部门规章制度为支撑的会计规范体系。这一体系主要由三个层次构成：最高层次是由全国人大常委会颁布实施的《会计法》；第二个层次是国务院规定的有关会计工作的行政法规，如《企业财务会计报告条例》《总会计师条例》等；第三个层次是财政部制定的有关会计核算和会计工作的部门规章和规范性文件等会计标准，包括《企业会计准则》《企业会计制度》等。除上述内容外，在其他法律法规、规章制度中也有部分内容构成了对会计法规的直接或间接的支持。例如，《中华人民共和国公司法》《中华人民共和国证券法》《中华人民共和国商业银行法》《中华人民共和国刑法》及证监会颁布的一系列信息披露规范。

二、会计法

《会计法》于 1985 年 1 月 21 日首次颁布施行，是中华人民共和国第一部专门规范会计活动的重要法律。1993 年 12 月 29 日，经第八届全国人民代表大会常务委员会第五次会议修订；1999 年 10 月 31 日，经第九届全国人民代表大会常务委员会第十二次会议修订，由国家主席下令公布，于 2000 年 7 月 1 日起施行。《会计法》全文共七章，包括总则、会计核算、公司企业会计核算的特别规定、会计监督、会计机构和人员、法律责任和附则，具体又分为五十二条，以规范会计实务。

国家、企事业单位、社会团体及个体工商户和其他组织都必须遵守《会计法》，据此进行会计实务工作。其他会计规范，如会计制度和会计准则的制定都必须以《会计法》为依据。

除了规范会计实务，《会计法》的颁布与施行对提高财务会计的质量也起到了积极的作用，具体表现在以下几个方面：

第一，对会计信息的真实性提出了强制要求。《会计法》重点强调了会计信息的真实完整，严格禁止虚假信息。例如，在第二章第九条中规定"各单位必须根据实际发生的经济业务事项进行会计核算，填制会计凭证，登记会计账簿，编制财务会计报告。任何单位不得以虚假的经济事项或者资料进行会计核算。"其余类似的规定如第八条、第十二条和第二十条等，这些规定都表明了会计信息的真实性是财务会计实务的根本价值所在，通过法律形式来严格规定是十分必要的。如果会计实务反映了虚假的经济业务，并产生了虚假的会计信息，则必须承担各种法律责任。

第二，强调会计监督的作用。《会计法》强调的会计监督包括内部监督和外部监督。《会计法》第二十七条明确规定了各单位应当建立健全本单位的内部会计监督制度，并提出了内部会计监督制度的具体要求。第三十三条又规定了部分机构对企业实行外部会计监督，包括财政、审计、税务、人民银行、证券监管、保险监管等部门。通过会计监督，会计实务受到了内部和外部的双重约束，能够提供更加真实完整的会计信息。

第三，明确规定了单位负责人对财务欺诈的经济责任。对于我国的会计信息失真问题，单位负责人难辞其咎。《会计法》第四条明确规定了单位负责人对本单位的会计工作和会计资料的真实性、完整性负责。该规定实际上对授权和唆使会计人员造假的行为予以了坚决打击，扭转了原先会计人员作为替罪羊对会计信息失真承担完全责任的不公现象，有利于解决会计信息失真的实际问题。

第四，特别关注上市公司的会计行为。随着资本市场，尤其是证券市场的不断成熟，上市公司的规范问题越来越突出。《会计法》对上市公司的会计行为十分关注，如对公司收入、成本和利润的核算做出了不得偏离经济业务实质的规定。该规定实际上对上市公司的利润操纵行为进行了广义上的规范，并且强调了会计制度对公司制企业的约束作用。

三、会计准则体系

（一）我国会计准则的演变

各国会计准则的发展史表明，会计准则与资本市场之间存在着非常密切的关系。在中国上海和深圳两个证券交易所正式建立之前，股票通常通过柜台进行交易，卖方市场是当时的特征,人们利用会计信息指导决策的需求还未形成,因而对会计准则的需求也不迫切。

到了20世纪90年代初,随着我国经济体制的改革,客观上要求将企业作为一个独立的市场经济主体,以会计信息的形式将其财务状况和经营成果等向外部使用者传达。在这种外在要求下,我国于1992年颁布了《企业会计准则——基本准则》。

由于基本准则主要是起到解放思想的作用,实际上对当时的会计实务并没有带来很大的影响,会计实务的"自主性"仍然很强。为了改变这种状况,财政部于1993年下半年集中力量进行了具体会计准则的制定,截至1996年1月,共发布了6批29项具体准则的征求意见稿,但由于没有得到相关部门的批准,一直没有形成真正有约束力的会计准则。

基于我国"以国际化为主,兼顾中国特色,并逐渐向国际化演进"的会计准则制定策略,我国一直在积极实施会计准则国际化。在充分考虑国际惯例及我国具体国情的基础上,财政部于2006年2月起,陆续出台了新会计准则系列(包括1项基本会计准则、38项具体会计准则及若干项应用指南)。

目前,形成的企业会计准则体系由基本准则、具体准则和应用指南三部分构成。其中,基本准则是纲,在整个准则中起统领作用;具体准则是目,是依据基本准则原则要求对有关业务或报告做出的具体规定;应用指南是补充,是具体准则的操作指南。该准则系列已于2007年1月1日起在上市公司范围内执行,同时也鼓励其他企业参照执行。执行该企业会计准则系列的企业不再执行原先的会计准则、企业会计制度和金融企业会计制度。

(二)会计准则的特点

从基本面上看,此次形成的新会计准则体系是在充分考虑我国基本国情的同时,参照国际财务报告准则的基础而制定的,其目的之一是使在此准则体系下编制的财务报表能够更加公允地反映企业的内在价值。这不仅强化了为投资人和社会公众提供对决策有用的会计信息的新理念,实现了与国际惯例的趋同,还首次构建了比较完整的有机统一体系,并为改进国际财务报告准则提供了有益借鉴,实现了我国企业会计准则建设新的跨越和突破。正如戴维·泰迪所说,中国企业会计准则体系的发布实施,使中国企业会计准则与国际财务报告准则之间实现了实质性趋同,不仅促进了中国经济发展,还提升了中国在国际资本市场中的地位。

第五章 建立效能型财务会计模式

第一节 社会主义市场经济对我国企业财务会计管理的要求

一、市场经济对财务会计目标的要求

财务会计目标是指财务会计要达到的预期目的，这也是构成会计理论的基础。在经济环境下，若想构建财务会计理论体系，就一定要确立准确的财务会计目标。财务会计目标为企业财务会计的发展指明了正确的道路和方向，它的实现需要各规范制度的大力支持。财务会计目标的制定是灵活的，是根据我国的经济状况、财务会计学的发展和市场环境的变化而变化的，一般在短期内不会发生太大的变动。

在知识经济时代，企业一定要多引进国外一些比较先进的财务会计经验，再结合我国的实际情况，制定出适合自己发展的财务会计目标。但是财务会计目标的制定一定要切合实际，决不能盲目地制定过高的财务会计目标，否则无法实现；也不能制定较低的目标，这样极易导致财务会计的职能得不到有效发挥。针对现阶段的财务会计目标，企业更应该立足于我国国情，走适合自己发展的道路。

（一）财务会计目标的基本内涵及发展

1. 财务会计目标的基本内涵

财务会计目标是一种抽象化的概念，是财务会计理论构建的前提与基础，并为财务会计未来的发展指明了正确的方向。财务会计目标要服务整个会计行业，它是连接会计理论与会计实践的桥梁，会计行业只有确定了目标，才会不断进步。在新时期，财务会

计目标的确定尤为困难，因为经济环境比较复杂，不确定性因素增多，财务会计目标一直处于不断变化。财务会计目标的实现需要一个漫长的过程，它需要在会计理论思想的指导下，通过不断实践来完成。同时，它还要兼顾内外协调一致的原则，换言之，要将财务会计内部的环境与财务市场外部的环境积极协调起来。财务会计目标主要包括两方面的内容，即财务会计所提供信息的对象和提供什么样的信息。前者注重的是财务会计的对象，后者则侧重财务会计信息的质量。

一般情况下，人们以经济、实用、稳定这几个特点来衡量财务会计目标的优越性。财务会计目标的经济性主要是指目标的实施一定要以降低成本为目的，同时还要考虑财务会计目标实施的经济效益。财务会计目标的实用性是指财务会计目标的制定和实施都要以满足财务会计的发展为目的，同时还要兼顾财务会计的实际情况，建立比较完整的财务会计体系。财务会计目标的稳定性要求财务会计目标的实施具有稳定性，不会经常变化。

2.财务会计目标的发展史

财务会计目标经历了相当长的发展时期，它起源于12世纪的欧洲沿海商业城市。当时正是资本主义萌芽时期，财务会计目标的产生主要是为了满足商业城市交易的需要，以及提供一定的市场行情信息。随着经济的不断进步与发展，财务会计目标的市场需求比原来要大，传统的财务会计目标已经不能胜任产业革命的需要，这时财务会计目标进入了第二个发展时期，也就是产业革命时期。这个时期形成的财务会计目标比传统的财务会计目标更明确，并建立了独立的财务会计目标体系，在企业的经营状况和债务累计方面都较为完善。同时，财务会计目标还可以将财务市场的最新消息及时地传递给企业，以便企业制定准确的对策。

20世纪70年代后，我国经济飞速发展，财务会计工作变得越来越重要，尤其是在证券市场上的应用最为广泛。但是，我国的证券市场起步较晚，直到20世纪70年代后才引入，这给我国的财务会计带来了极大的挑战，因为证券市场的风险比其他金融产品市场的风险还要高，波动性也比较大。在这个时期，我国的财务会计目标借鉴了国外比较先进的技术经验，形成了一个统一、明确的系统。我国颁布的《企业会计准则》中也明确规定了财务会计目标是基于企业长期发展的需要而建立的。

（二）社会主义市场经济下财务会计目标应该考虑的因素

1.特定的会计环境

财务会计目标的实施需要一定的会计环境，它依赖于会计环境，同时还制约着会计环境，因为环境的变化势必会导致财务会计目标的变化，所以财务会计目标的制定需要充分考虑各种环境因素。特定的会计环境一般是指一些与会计产生、发展有着紧密联系的环境，同时还要结合企业内部和外部特定的经营状况。尤其是在社会主义市场经济条件下，很多资本市场交易通常不需要交易双方面对面完成，这就使得财务会计工作比以前更为棘手。它不再是单纯的统计财务报表，而是要综合考虑经营者的经营状况，并做出适当的投资决策。

2.经济因素

经济因素是制约财务会计发展的关键因素，主要包括国家的经济发展状况和发展水平，以及经济组织等方面。在社会主义市场经济体制下，我国的财务会计目标定位主要是满足社会主义市场经济的发展要求，同时在维护国家安全和社会稳定方面也具有重要的作用。经济因素是制约财务目标发展的重要因素，因为只有通过复杂的经济活动才能促进财务会计的进步与发展，同时财务会计的发展又可以带动经济的发展。在社会主义市场经济体制下，财务会计可以为企业经营者提供有助于作出正确经营决策的财务信息，保证投资双方的合法权益和利益。

3.财务会计的客观功能

财务会计的客观功能会对财务会计目标的实施产生重要影响。财务会计本身的职能是将已经发生的企业经营活动完整地记录下来，加工成比较全面的财务信息，并将这种信息及时反馈给企业的高层管理部门，以便其作出合理的经营决策。财务会计的监督管理功能主要是对财务会计活动的信息进行控制组合，以便企业的经营活动都能按照事先的计划进行。财务会计的客观功能是一个全面的、复杂的功能体系，它在会计信息系统中具有重要的地位，对于完善监督管理体制有很大的帮助，信息使用者只有正确理解与运用这些信息，才能达到财务会计的预期目标。

（三）社会主义市场经济下财务会计目标构建的原则

财务会计目标的构建需要依据我国社会主义市场经济发展的环境，合理掌握会计市场的运行规律，并满足信息使用者的要求。同时，人们还要根据财务会计目标的发展规律，考虑财务会计目标实施的可行性与可靠性，提高财务会计目标制定的整体质量。如果发现问题一定要及时处理，并制定出新的财务会计目标。随着经济全球化趋势的不断深入，财务会计目标有了极大的发展，但是我国财务会计目标的创新力度还远远不够，和其他发达国家的财务会计目标还存在一定的差距。针对这种情况，人们应该加强与国际会计之间的交流与合作，再结合自身的实际情况，制定出合理的财务会计目标。

在社会主义市场经济下制定财务会计目标，一定要权衡利弊，综合考虑各种市场因素。除此之外，还要根据国家的宏观调控政策，保护投资双方的利益。知识经济时代，在促进财务会计目标发展的同时，也有更为严峻的挑战，人们只有抓住这一机遇，迎接挑战，才能保证财务会计目标的顺利制定。

二、社会主义市场经济对财务会计人员的素质要求

（一）知识经济时代对财务会计人员的要求

进入 21 世纪后，我国以更加广阔的视野、更加博大的胸襟和更加开放的姿态，大踏步地融入世界经济发展浪潮。人类社会已由工业经济时代向知识经济时代过渡，时代的变化给人们的生活方式、思维方式、工作方式及经济发展方式带来了剧烈且深刻的变革。在这场变革中，财务人员只有及时地提高自身的素质，才能适应知识经济时代的要求。一名合格的财务会计人员，应该具备以下素质：

1.通晓专业理论

在知识经济时代，最大的挑战莫过于对人的能力的挑战，而人的能力又主要取决于人的知识及知识转化成能力的程度。知识经济时代，一名合格的财务会计人员必须有相关的知识做基础。

（1）熟悉会计基本理论

一名出色的财务会计人员必须具有一定的会计理论基础和娴熟的会计实务技能。会计基本理论主要研究会计学质的规定性，它由两部分构成：其一，会计学和会计工作中的一些基本概念，如资产、负债、所有者权益、收入、收益、费用、资金、营运资金、会计报表、合并报表等。其二，会计工作质的规定性，如会计本质、会计属性、会计职能、会计对象、会计地位、会计任务等。这些都是基本性的理论问题，是构成整个会计理论体系的基石。财务会计工作者在实际工作中必须努力学习这些理论，并熟悉这些理

论，如此，才能以较高的视角把握工作的运行规律，提高财务分析能力，为领导决策提供有价值的建议。

（2）掌握会计应用理论

一名出色的财务会计人员不仅要熟悉会计基本理论，还要掌握会计应用理论。会计应用理论是研究会计工作量的规定性的理论，它主要研究会计工作的运行规则，对会计实务有着直接的影响和指导作用，包括财务通则、财务制度、会计准则、会计制度。会计应用理论是会计基本理论的具体化，是联系会计基本理论与会计实践的桥梁和纽带。会计应用理论是应用最强，与会计实务联系最密切、关系最直接的理论，而且包含许多政策性规定。因此，财务人员必须要达到准确掌握和运用的程度。

2.擅长计算机操作

计算机是知识经济时代的物质支撑，互联网是知识经济时代的高速公路，它们是知识经济时代的重要工具和载体，目前已被大面积地应用于各个经济领域和管理部门。因此，每个财务会计人员不仅要具备会计专业知识，还必须熟练运用计算机，以快速、准确地完成会计核算、资金预测等工作。计算机的使用和网络的发展，使数据的取得更加全面快捷，计算更为精确。会计工作既是一种生成信息、供应信息的工作，也是一种利用信息参与管理的工作。在知识经济时代，企业管理的信息化对财务会计人员有了更高的要求。财务会计人员首先要在思想上树立创新精神，利用一切先进的技术，掌握全方位的信息，不断完善自己的知识结构。使用财务软件是我国企业信息化的第一步，企业要想规范内部流程和完善内部控制，只能从理顺企业财务入手。因此，高素质的财务人员必须具有丰富的学科交叉知识，既要精通财务又要懂得管理，还要熟悉高新技术在财会工作中的运用。

3.运用外语交流

据有关权威机构统计，互联网中93%的信息都是以英文形式发布的，常见的网页设计及程序也都是以英文为基础。英语作为语言体系中的支撑语言，在日新月异的网络时代起着举足轻重的作用。在会计信息实行电算化管理的今天，一名合格的财务人员如果在英语方面有所欠缺，何谈能够熟练掌握计算机操作知识，何谈对财务软件的常规使用和简单维护，何谈发挥计算机在财务工作中的中枢工具作用。

4.良好的职业道德

财务会计人员的职业道德就是财务会计人员在会计事务中，需要正确处理的人与人之间经济关系的行为规范总和，即财务会计人员从事会计工作应遵循的道德准则。它体现了会计工作的特点和会计职业的要求，既是财务会计人员要遵守的行为规范和行为准则，也是衡量财务会计人员工作好坏的标准。财务会计人员的职业道德修养主要体现在以下四个方面：

第一，熟悉法规、依法办事。财经法规是财务会计人员职业道德规范的重要基础。财务工作涉及面广，为了处理各方的关系，财务会计人员要做到"不唯上、不唯权、不唯情、不唯钱、只唯法"。

第二，实事求是、客观公正。这是一种工作态度，也是财务会计人员追求的一种境界。

第三，恪守信用、保守秘密。财务会计人员应当始终如一地使自己保持良好的信誉，不得有任何有损职业信誉的行为，不参与或支持任何可能损害职业信誉的泄密活动。

第四，敬业爱岗、做好服务。热爱自己的职业，是做好一切工作的出发点。财务人员明确了这个出发点，才会勤奋、努力地钻研业务技术，使自己的知识和技能符合具体从事的财务工作的要求。

随着社会经济的发展及财务会计从业人数的增加，企业财务会计人员的质量成为企业管理层重点关注的问题。财务管理工作作为企业生产经营过程中相对基础的工作，需要财务会计人员在与企业其他经济部门的合作下，对企业生产经营过程中发生的经济业务进行全面处理与分析，从而在确保企业财务不存在管理漏洞的基础上，有效地对企业财务会计工作进行管理。企业财务会计人员在工作中必须具备处理财务问题的专业能力，而且能够根据企业经济业务发展的需要，随时学习专业的知识理论，在专业知识及相关财务会计法律与法规的指导下，顺利地进行企业财务管理的工作。

（二）财务会计管理中提高财务会计人员素质的必要性

1.企业资产安全管理的需要

在企业的运行和发展过程中，资金是企业生存的重要保证，是企业获得长远发展的基本前提。因此，在财务管理过程中，财务会计工作人员应该合理运用企业资金，降低企业资金的使用风险，保证企业稳定健康发展。财务会计人员每天都会接触到大额的资金，他们应该保持一种良好的心态，抵制住金钱的诱惑，只有这样，才能够保证企业资金合理有序地运行。在现实生活中，财务会计人员经济违规导致企业资金流失的情况时有发生，这给企业的发展带来了巨大的阻碍。所以，为了保证企业资金的安全和合理流动，提升财务会计工作人员的素质变得十分重要。

2.信息社会发展的需要

随着科技的不断发展和计算机的日益普及，会计电算化逐步成为财务会计人员的新工具。网络财务由于充分地利用了互联网，使得企业财务管理、会计核算从事后变成了实时，财务管理从静态走向动态，在本质上极大地提高了财务管理的质量。信息社会的发展对财务会计人员的技能提出了越来越高的要求，大多数财务会计人员对信息化掌握的程度还不够，通常都是停留在简单的加、减、乘、除的计算上。虽然相关部门对财务会计人员的计算机水平进行了培训，但是成绩并不明显，财务会计人员与当前信息社会的要求还有很大差距。所以，面对当前计算机信息技术的普及，进一步强化财务会计人员的素质势在必行。财务会计人员不仅应该加强自身的学习，熟练掌握计算机操作，还要学会和自身岗位相符合的财务应用软件，以便能够更好地进行财务报表和财务分析，保证财务工作的有序进行。

3.专业技术能力提高的要求

财务会计人员的能力不同，对工作产生的效果也是不同的。一般情况下，具有不同专业能力的财务会计人员有着不同的职业选择和判断，这就会导致会计信息质量有差别。在财务工作过程中，有些财务会计人员由于缺乏自身专业知识和文化知识，对财务改革和新的财务制度、财务准则很难做到熟练掌握和应用，所提炼出来的大量会计信息也不符合新的财务制度、财务准则的要求，有的甚至出现大量的技术性和基本原理差错，以至于影响决策者的决策。企业当前业务范围的扩大和业务要求的提高，对财务会计人员的专业技术能力提出了更高的要求。为了保证财务工作的顺利开展，提升财务会计人员的专业技能和综合素质已势在必行。

（三）财务会计管理中提升财务会计人员素质的策略

1.加强财务会计人员的思想政治教育

财务会计人员在财务工作中的地位非常重要，是财务工作的核心。财务会计人员在提升自身业务技能的同时，还要不断强化自身的思想道德素质。财务相关部门要加强财务会计工作人员的纪律教育，不断提高财务会计人员的职业道德。首先，加强思想政治理论学习。财务相关部门要定期举行思想政治理论学习，使财务会计工作人员认清社会发展的基本规律，掌握当前社会发展的主要形势，坚定不移地贯彻和落实党的基本方针政策，把党的基本政策和理论作为财务会计工作的行为准则。其次，大力提高财务会计人员的职业道德。在财务会计工作过程中，财务会计人员的职业道德是财务工作的具体体现。因此，要不断强化财务会计人员的职业道德，做到原则明确、积极监督、努力生产、加强预测，从而保证财务会计工作的顺利进行。最后，在财务会计工作中，不管是财务会计人员还是财务整体，都要按照相关的法律法规制作各种财务账单。

2.强化财务会计人员的职业技能

随着科技的不断发展和计算机的日益普及，会计电算化越来越深入财务会计工作的每一个环节。在实际的财务会计工作中，计算机已经取代了以往的算盘和笔，财务会计工作逐步进入了一个由计算机操作的世界。首先，财务会计人员要加强对计算机软件的学习。随着当前信息社会的发展，财务会计人员一定要熟练掌握各种财务软件的操作技能，以便能够更好地进行财务报表和财务分析，保证财务工作的有序进行。其次，加强对财务会计人员的技能培训。企业、事业单位等相关部门要把对财务会计人员的培训工作放到一个重要的位置上，定期举办各种培训，让财务会计人员不断掌握新的技术和能力，使其能够更好地应对当前社会的发展，保证财务会计工作的准确性，进而能够更好地保证财务会计工作的顺利稳定运行。最后，鼓励财务会计人员参加职称资格考试。为了适应时代的发展，相关部门要鼓励财务会计人员制定各种学习计划，通过参加财会专业函授学习或会计教育自学考试学习，不断提高自身的能力和水平。同时，相关部门要对取得优秀成绩的工作人员给予物质和精神上的奖励，从而保证整个财务会计团队素质的提高。

3.加强财务会计人员的法治观念

面对当前财务会计人员违规的问题，加强财务会计人员的法治观念势在必行。首先，要做到懂法。财务会计人员要加强对法律法规的学习，尤其要熟悉涉及财务会计类的法律法规，做到知法懂法。其次，要做到依法办事。在财务会计工作中，财务会计人员每天都会接触很多的金钱，所以要在法律法规的规定下进行财务会计工作，从而保证财务会计信息的完整性、合法性和准确性，保证财务会计工作的顺利开展。最后，要学会利用法律武器抵制各种违法违规行为。在工作中，财务会计人员要时刻做到廉洁奉公，以身作则，坚决抵制享乐主义的侵蚀，保持自身的纯洁性。同时，要拿起法律武器，勇于同某些肆意违反国家财务政策及法律法规的行为做坚决的斗争，做到不合法的事情不办，有效维护国家的财产利益。

4.构建良好的财务会计工作环境

在财务会计工作的过程中，建立良好的财务会计工作环境具有十分重要的意义。在企业管理中，财务管理的中心地位并不是指把财务部门的工作作为中心内容，也不是指把财务会计人员作为中心，而是要求财务管理起到纲举目张的作用，通过财务管理带动企业各项管理工作的提高。首先，加强单位领导及有关人员的共同参与性。要想在一定程度上提高财务会计人员的整体素质，单靠财务会计人员自身是不行的，一定要不断加强单位领导和有关人员的共同参与，形成一个良好的工作环境，这样才能保证财务会计人员素质的有效提升。其次，加强领导对财务会计部门的重视。在企业的发展过程中，企业领导要重视财务会计部门，重视财务会计人员，把财务会计工作放到一个非常重要的位置上，要认识到企业管理应以财务会计管理为中心，保证财务会计工作的顺利开展。最后，各级领导要关心财务会计人员，切实保障财务会计人员的合法权益。在财务会计管理工作中，相关领导要加强对财务会计人员的鼓励，对于取得优异成绩的员工进行物质和精神的奖励，不断提高财务会计人员的积极性和主动性，从而保证财务会计工作的顺利开展。

第二节 我国企业财务管理体制存在的问题及改革重点

自20世纪70年代后，我国企业高速发展，企业规模也在不断壮大。近年来，随着企业改革的深入发展，各个企业都采取了一系列形式对现有企业模式进行了改革重组，并拓宽了业务范围，壮大了企业规模。但是就我国而言，企业发展的时间较短，企业仍然处于粗放经营的模式，这就使得企业在经营和管理的过程中出现了诸多问题。就企业当前的财务管理而言，还存在财务体制不完善、财务信息建设不充分等问题，这些问题的存在，成了企业发展的瓶颈。企业作为我国国民经济的重要组成部分，是我国经济发展的中坚力量，面对当前存在于财务管理体制中的问题，企业必须予以重视，并采取有效的措施，完善财务管理体制，提高财务管理水平。

一、当前我国企业在财务管理中存在的问题

随着科学技术和社会经济的快速发展，我国企业取得了良好的发展，其规模在不断地扩大，业务也在不断地增多，为我国经济的发展做出了极大的贡献。但是我国企业在迅速发展的同时，在财务管理方面也出现了诸多问题，这严重地制约了企业的进一步发展。这些问题主要表现在以下几个方面：

（一）缺乏完整的财务管理体制

目前，企业在财务管理方面存在财务管理体系不健全的问题，具体如下：

第一，在内部财务管理上，企业缺乏对资金的控制，企业内部资金控制和资金流向之间还存在信息不对称的问题。资金控制和资金流向脱节的情况，使得财务管理部门不能够实时掌握内部资金动态，只能根据财务报表中的内容完善相关指标的考核，其考核的结果也是不准确的，不能满足当前企业对资金控制的要求。

第二，财务控制中的过度集权问题，使得企业的子公司缺乏活力，积极性和主动性得不到提高。同时，分权过度的问题也使得企业财务管理比较分散，不能集中管理，控制力不强，不能发挥好财务管理的作用。

第三，企业的财务监督力度和财务控制力度不足，使得企业的经营效益得不到提高，甚至出现了效益下滑的现象，导致资金大量流失。

（二）财务危机预警体系有待完善

随着社会主义市场经济体制的进一步改革和完善，各企业在市场中的竞争也日益激烈，企业存在的财务风险也就越来越强。企业财务风险管理是企业财务管理的重中之重，也是企业内部控制的重要手段之一，并贯穿财务管理的始终。企业经营的好坏，主要在于企业对经营资金的利用是否合理，因此建立完善的财务危机预警体系，对企业提高财务风险管理水平非常重要。但是当前企业的财务危机预警体系还处于建设的初级阶段，大多数借鉴了西方发达国家的企业财务危机预警体系，符合我国国情的财务危机预警体系尚未建立。

（三）财务信息系统有待完善

目前，社会发展已经进入了信息化时代，信息化建设是企业财务沟通的重要渠道，是实现信息共享和信息交流的重要平台，也是企业和子公司沟通的重要途径。但是目前企业还没有完全实现信息化建设，财务管理人员综合素质不高，不能对现代信息技术进行合理的运用，使得财务管理水平得不到提升。

二、企业财务管理体制的改革重点

经济全球化、贸易一体化步伐的加快及科学信息技术的飞速发展，为我国企业发展提供了良好的环境。但是，由于企业经历了一些复杂的、特殊的企业财务管理问题、企业治理问题，经济效益有所下滑。为此，企业在向国外先进经验学习、借鉴的同时，必须根据自身的发展状况，充分考虑我国国内的社会条件、经济形势等因素，逐步找到真正适合我国企业成长规律的财务管理体制。

（一）财务管理体制现存问题分析

1.组织机构设置存在的问题

目前，很多企业的财务管理体制建设刚刚起步，还没有建立明确的财务管理组织结构。首先，财务部门缺乏对财务管理的重视，仅限于做好会计核算工作，并未将财务管理的职能作用全部发挥出来，从而导致企业的管理缺乏方向性，财务状况堪忧。现行的企业制度要求企业的财务会计人员必须做到以下几点：

第一，完成最基本的会计核算工作和财务管理工作，通过对相关财务数据的分析，完善经营流程，在有效降低成本的同时加快资金的流转，从而实现价值最大化。但是，有很多企业财务会计人员并未完全做到。

第二，对总会计师来说，一定要履行更多的财务监督职责和价值管理职责，尽量避免在经营中出现"道德风险""逆向选择"等问题。

2.财务管理制度存在的问题

我国很多企业在日常生产经营中逐渐意识到财务管理的重要性，已经着手对本企业的财务管理体制进行改进，并由企业的财务部门和管理部门共同根据企业内部的实际情况起草制度，如费用审批制度、资金审批制度、费用预算制度等。这些制度看似囊括了内部的资金运营状况，但是制度本身还不够完善，特别是在投资、筹资、成本考核等方面并没有形成一整套集预算、控制、分析、监督、考核为一体的管理体制。由此可见，这种缺乏约束性、系统性、全面性、科学性的制度对企业的发展极为不利。

3.高层管理人员薪酬设计中存在的问题

目前，很多的高层管理人员采取的是年薪加提成的薪资方式，对其业绩衡量的标准与依据就是净收益指标。高层管理人员如果完成了净收益指标，就可以拿到年薪，超额的部分可以拿到提成。但是，会计系统完全在高层管理人员的控制范围之内。很多国内外成功的经验表明，股权激励对于有效改善企业的治理结构、降低代理成本、增强企业的凝聚力与核心竞争力、提升企业的管理效率等有着积极的促进作用。需要特别指出的是，股权激励不同于传统的经营者持股。股权激励能够使企业的经营者更加关注企业的长远发展，激发企业经营者的创新意识，帮助企业以较低的成本留住经营者。股权激励机制将上市公司管理层的薪酬与股价进行了有机的结合，但是这样很可能导致上市公司管理层出现机会主义行为。例如，公司的管理层在财务信息披露、盈余管理、经营决策的过程中，为了使之朝着有利于自己的方向发展，而对公司的股价、业绩等进行影响和干预。

（二）会计管理体制的构建

1.体制的构建应与会计环境因素相匹配

会计管理环境主要是指对企业财务活动产生影响作用的企业的各种环境因素的总和。任何体制的建立都不能脱离环境因素，而且不同的系统与体制之间是相互影响、相互作用的。企业的环境因素主要包括宏观的政治因素、经济环境因素、法律制度环境因素、金融市场环境因素、社会文化传统因素、技术发展环境因素，这些因素均属于企业的外部因素；产权结构、领导的处世风格、法人治理结构、董事会的定位、组织形式等因素均属于企业的内部环境因素。因此，会计管理体制的构建应适合财务管理的环境。

2.会计管理制度的构建

会计管理制度的构建应从会计管理的资金筹措、公司运营、资金投放、利益分配、财务信息等方面进行。每个内容的设计都必须贯穿企业经营过程的整个环节，并在财权的划分上充分体现决策、执行、监管的三权分立原则。对母公司而言，应把控好对其他子公司投资的权利、资金筹措与管理的权利、资产处置的权利、收益分配的权利；对子公司而言，应把控好单一的经营权、限额内的对内投资权等。企业可以通过建立财务共享中心来实现资金的集中管理。

3.全面预算控制体系的建立

全面预算并非独立于企业的各项经营活动，而是作为企业组织经营活动中的一种重要的管理与控制手段，与企业的投资决策、账务核算、绩效管理等共同构成保证企业可持续发展的重要保障。在信息化环境下，企业的全面预算管理的实现需要根据其长远的战略规划、发展目标，进行预算的编制、执行、监控、调整与分析。企业全面预算的各环节之间是相互影响、相互制约的，这些环节通过循环来完成企业的全面预算管理。信息化环境下的全面预算借助了网络的环境运行，保证了预算的准确性、合理性、规范性、科学性，为我国企业增强核心竞争力、进军国际市场奠定了基础。

4.不断提升资金的集中度

企业应尊重现状，立足长远发展，在兼顾资金的集中使用进度、融资需求、风险管理等综合因素下，稳步推进资金集中管理，并分类、分步实施资金的集中管理模式。对于经营性资金的集中管理，企业可以采用财务、收支两条线和收支合一相结合的管理体系，将收入账户中超过限额的资金转到共享中心的资金池中，同时，财务资金共享中心应按预算拨付到成员单位的支出账户上，或者实行联动支付的方式。对于专项资金，企业应采用成员单位基建、科研等专项资金的集中管理方式，要求各成员单位必须将专项资金纳入集中管理体系中，避免资金沉淀和专项资金被挤占、挪用等问题的发生。

5.加强企业资金管理风险评估体系建设

随着企业经营环境的变化，企业在实现战略发展目标的过程中，将面临各种潜在的风险。这些风险发生的概率、影响程度等都是无法实际估量的。对企业而言，建立资金集中管理流程的动态风险评估体系主要从风险目标的设定、风险的识别、风险的分析、风险的防范与应对四个不同的方面着手。企业一定要对风险评估进行持续性研究，将风险变化过程中发生的各种相关信息进行及时的收集与整理，定期或不定期地开展风险评估活动，并对风险防范措施进行实时调整。

第三节 我国企业财务会计模式的转变

现代企业制度是一种政企分开、科学管理的企业制度，是社会主义市场经济发展的必然产物，对企业的财务会计模式提出了更高的要求。财务会计模式受制于其所处的社会经济环境，随着信息技术革命的推动，新知识经济时代的到来，企业在产业结构和经济增长方式等方面发生了巨大变化。

一、企业传统财务会计模式缺陷分析

传统的会计流程独立于业务流程之外，是会计人员以单位货币为计量工具，在会计核算的前提下，对企业的经济业务进行记录及审查。当企业经济业务活动发生后，会计人员根据原始凭证进行记账、编制。会计人员基本上不涉及业务方面的工作，仅负责业务方面的单据流转和记录。因此，在传统财务会计模式下，会计人员在成本核算管理、应收款项、固定资产等方面受到了很大制约，会计人员的工作缺乏灵活性，按部就班，其地位和工作未得到应有的重视。

传统财务会计模式除了受到传统经济发展模式和会计人员本身能力的限制以外，还受到了企业整体环境及企业领导的现代意识的影响。而会计电算化只是将传统会计核算流程计算机化，发挥计算机的数据统计和记忆储存功能。激烈的市场竞争和企业经营环境的不稳定性，造成了企业经营风险的增加，使企业决策层对企业数据的管理提出了更高的要求。会计数据的及时、准确和共享性是企业内部决策必不可少的，而传统的财务会计模式显然不适应现代管理的需要。例如，传统财务会计核算中没有将人力资源作为一项资本进行核算。

人力资源对经济增长的贡献份额越来越大。知识经济的兴起，意味着"知识与信息"已成为经济发展的关键生产要素，而知识与信息的生产、传播与利用必须以相应的人力资源为基础，因此人力资源已成为关系企业甚至国家竞争力的关键因素。人力资源所具

有的特殊性要求人们在把人力资源"资本化"、用货币计量的同时，必须结合非货币的手段，运用会计的专门方法，对一定组织的人力资源进行连续、系统、全面的计量、核算、报告和监督。任何会计制度都应该是对经济生活的有效归纳，而不是以某种理论依据为主要基础。

（一）会计核算现状研究

1.人力资源会计的主要观点

人力资源会计既包含用于计量人力上的投资及其重置成本的会计，也包含用于计量人对一个企业的经济价值的会计。因此，目前人力资源会计有两大分支：人力资源成本会计和人力资源价值会计。前者是为取得、开发和重置作为组织资源的人所引起的成本而做的计量和报告。它认为应将人力资源在获得、维持、开发过程中的全部实际耗费作为人力资产的价值入账，即把人力资源的成本予以资本化。后者是把人作为价值的组织资源，对它的价值进行计量和报告的程序。它主要考虑人力资源的能动性，即创利能力，认为人力资源会计报告不是取得和开发人力资源所付出的成本，而是人力资源本身具有的价值。

2.会计核算中资本化的人力资源的重要性

在传统财务会计核算中，财务报告所反映的是企业的资产、负债、所有者权益等会计信息，是向外界投资人披露的企业财务状况的重要渠道。而随着知识经济时代的到来，传统财务会计向外界投资人所披露信息的局限性已显现出来。第一，传统财务会计在核算上建立基本假设，而这些会计假设在核算中通常忽略了人力资源的特殊情况。人力资源在资本化过程中会受到传统会计理论的某些瓶颈的约束，如传统会计的基本假设中的货币计量假设，币值不变对于人力资源的计量准确性就存在局限性。对人力资源要素的计量还需要非货币的计量，这也是一大局限性。作为生产要素主体的人，在会计核算中并没有反映出给企业创造的未来价值，也没有体现出核心地位。第二，放置在实物资产上的价值量的大小与企业创造效益、市场价值之间的相关性，以及外部投资人对企业现状真实情况的了解已严重脱节。

（二）传统财务会计核算模式中存在的问题

1.传统财务会计核算模式的缺陷

传统财务会计是从实践中逐渐总结形成的一整套完整的系统化理论，是一个经济管理的工具。在实践检验中，传统财务会计模式存在严重的缺陷，而且这个缺陷在传统的管理体制下并没有完全表现出来，只能进行事后核算，起不到任何预测和控制的功能。在知识经济时代，其弊端暴露无遗。例如，费用是指企业为销售商品、提供劳务等日常活动所发生的经济利益的流出，它将引起所有者权益的减少。随着企业转变为知识型企业，作为人力资产的投入价值便转化成了企业的人力资本，成为企业的一项资产，但它并没有引起企业所有者权益的减少，只是产生了一些变化。因此，人力资源的相关费用应予以资本化，其应该被作为一项资产核算，而不应该再被作为一项费用核算。在传统财务会计核算中，人力资源作为一项费用核算，属于损益项目，双倍地递减了所有者的权益，从而使企业名义上的资产减少，利润减少，资产负债表和损益表的数据发生扭曲。

2.人力资源会计对传统会计的冲击

传统会计的计量与报告都是建立在以有形资产计量为核心的基础之上的，只适用于传统的工业社会。当今知识经济时代要求传统企业在向知识型企业转变的情况下，要对企业进行全面了解，以帮助投资人进行决策。而传统会计难以提供详细的决策信息，决策者关于企业人力资源管理方面的决策很大程度上是建立在关于企业人力资源投入方面上的。决策者从中吸收相关重要的信息，以便做出正确决策。但是在传统会计中，企业是不计量人力资源成本的，这使决策者可能低估成本，导致决策失误。

企业通常把投资于人力方面的支出作为当期费用，这使人力资产被大大低估，而费用则上升。另外，企业重心的转移也应随整个经济生活的发展而变化，这必将促进传统会计的变革，加速企业的发展，这种变革也将辐射到各个领域。为了适应变革，人们要重新构建会计核算体系和框架，建立一个适应当今时代的、能全面反映知识经济时代企业所拥有或控制的经济资源的真实价值及其结构变化的会计体系，使人力资源资产和其他资产的真正价值在会计反映中的比重不断提高，价值得以体现。

3.人力资源会计对税收政策的冲击

公平合理是税收的根本原则和税制建设的目标，征税的宗旨是提高效率。由于传统会计政策没有将人力资源资本化，而是将部分人力资源开发费用予以费用化，从而增加了本期费用，减少了利润。企业在缴纳所得税时大大减轻了纳税负担，这本是国家在政策方面给予企业的倾斜,有利于企业的生存与发展。但由于在不同的企业和企业的不同发展阶段所采取的相应政策是不同的,就体现不出公平合理的原则。国家经济的发展离不开良好的政策,国家机器在运行中运用税收杠杆发展经济是正常的,要想发挥好这一杠杆作用,就必然要将税收合理、充分地量化,体现出公平与效率的统一。只有变革传统会计核算的框架,才能适应现代企业管理的需要。

(三) 人力资源会计适应时代的发展要求

随着人力资源会计理论的发展,一些人力资源的新模式和新理论出现了。例如,针对传统人力资源财务会计模式的不足,有学者构建了劳动者权益会计框架,通过提出人力资产投资、人力资产、人力资本和劳动者权益等概念,对传统财务会计模式进行了重构,并论述了人力资本参与企业盈余价值分配的均衡机制和基本原则,从而通过劳动者权益明确了人力资源的产权归属,从根本上调动了劳动者的生产积极性,初步弥补了传统人力资源财务会计模式的不足。还有学者提出了建立在生产者剩余基础上的人力资源会计计量模式。该理论的创新之处在于通过分析企业所获得的经济剩余,明确指出了企业剩余价值中的消费者剩余部分为企业投资人所有,而作为生产者的权益,剩余价值中的生产者剩余部分应归生产者所有。人力资本作为能够获得剩余价值的人力资源价值,表现为人所具有的创造剩余价值的潜在能力或生产能力,在此基础上,人力资本参与企业分配的形式可以有职工股、绩效工资等。

人力资源会计的设计与应用应遵循会计信息质量基本原则、会计处理基本原则等,但最重要的还是成本效益原则。人力资源会计制度是一项创新的制度,它的设计应经济合理、简明实用、有较强的适用性与可操作性。首先,它应该可以包容原有的传统会计系统,以减少对传统会计系统的冲击。其根本原因在于,传统会计系统本身就是关于组织拥有或控制的各种资源的货币计量的信息系统(尽管原来对人力资源的计量反映并不充分),而人力资源会计的主要目的正是提供关于人力资源的货币计量的信息。其次,从理论上说,只要是组织拥有或控制的人力资源,就应成为人力资源会计的核算对象。但是组织人员众多,要对每项人力资源进行同样详尽的记录,既不经济,也不符合现实条件,因此必须根据重要性原则与成本效益原则进行分类处理。人力资本理论的创立者、美国著名经济学家西奥多·舒尔茨指出,并非一切人力资源,而是通过一定方式的投资并掌握了专门的知识和技能的人力资源,才是一切资源中最重要的资源,即人力资本。因此,可以把通过天赋与后天投资而形成的专业性的、特殊性的人力资源称为人力资本。

企业不能声称对其人力资源拥有所有权,它只是通过产权交易拥有了人力资源的支配权等派生权利。

人力资源会计对推动我国企业的发展是非常重要的,符合经济发展的要求,其可以促使我国会计理论不断完善、成熟,进而解决传统会计不适应经济发展的矛盾。

二、现代企业制度下的企业财务会计模式

如今,为了更好地推动我国企业的发展,需要在现代企业制度下对企业财务会计模式进行研究。现代企业制度下的财务会计模式虽然发展迅速,但是在发展过程中还存在较多问题,主要体现在财务基础薄弱,财务控制力差,企业财务会计人员风险意识弱,综合素质低等方面。企业应建立多元化的现代企业财务会计工作模式,加强对财务会计工作的监督检查力度,加强对财务会计人员的培训及教育,实现管理制度、信息系统和监督体系三者之间的协调统一,进而不断地规范现代企业制度下的财务会计模式,从而不断地提高企业的经济效益。

(一)企业财务会计模式的构成

1.会计机构设置

会计机构,就是维持会计工作有序、有组织进行的一个组织机构。会计机构在整个经济领域中起着调节经济发展及维持一个较为稳定的工作环境的作用。企业通过设置一定的会计机构,可以有力地协调各部门之间的工作,使会计的各个部门处在一个平衡稳定的工作状态,以此来不断地改进会计工作。此外,会计机构在发挥自身的作用时,应具备以下三个特征:

第一,目标一致。会计机构应遵循国家制定的有关法律法规,并有效地结合企业的主要目标,进而完成相应的会计工作。

第二,加强各部门之间的协调力度。会计机构在工作的过程中,一定要注重各部门之间的协调力度,进而提升整体的工作效率。

第三,明确各个部门的职责。要想保证会计机构各部门之间的有力协调,就必须明确各部门的职责,使各个部门各司其职,互相协调,进而提高会计的工作效率。

2.内部控制制度

内部控制制度是企业财务会计模式主要的构成部分。企业通过设置一定的内部控制制度，可以有效地保障会计信息的可靠性及有效性。内部会计制度，就是企业内部的一种制度，即企业内部中各部门之间及相关人员之间在处理经济业务的过程中所要遵循的一种经济制度。设置内部控制制度可以有效地协调各部门之间的工作，以及不断地规范各部门的工作流程。为了发挥内部控制制度在会计机构中的作用，企业需引入一定的会计方法和程序。随着会计行业的快速发展，现代会计内部的控制方法也是多种多样的，其中主要包括内部审计控制、授权标准控制等。

3.会计人员管理

会计人员管理是企业会计构成模式中的主要部分，而企业的会计工作主要由会计人员完成，因此企业只有加强对会计人员的管理，并不断提高会计人员工作的积极性，才能在一定程度上提高企业会计的工作效率。企业对于会计人员的管理应从对会计人员的专业知识水平的不断提高及职业道德素养的不断提升两个方面进行。此外，对于会计人员的管理，不仅要进行专业方面的培训，还应进行后续教育，以此来加深会计人员对获取会计知识的重要性及提升自己综合素质重要性的认识。

一名合格的会计人员不仅要具备较强的专业知识，还要具有较高的职业道德水平，相关部门应重点监督会计人员的职业道德素养。加强监督会计人员的道德素养，可增强会计工作的稳定性及透明性。此外，良好的道德规范不是与生俱来的，需要会计人员具有一定的学习积极性，在工作中不断规范自己的工作行为，以此来提高会计工作的效率。在会计工作中，企业还可采取奖惩措施来提高会计人员的工作积极性，不断规范会计人员的工作行为，进而不断提升会计人员的专业素养。

（二）现代企业制度下的企业财务会计模式存在的问题

1.财务基础薄弱，财务控制力差

财务基础薄弱，财务控制力差是当前我国现代企业制度下企业财务会计模式存在的主要问题。随着经济的不断发展，企业为了提高经济效益，会在一定程度上不断调整企业规模，这虽然取得了一定成效，但实际上企业内部还缺乏较为完善的内部控制制度。其原因主要为：企业没有重视会计管理工作在企业中所起到的重要性，导致企业减少了会计管理工作方面的投入力度。

因此，为了提高企业的经济效益，企业就需在一定程度上不断健全与完善会计管理工作制度，进而使会计工作变得更加系统与科学。但是，在现代企业中，会计管理制度形同虚设，只有当领导检查时，会计管理制度才能发挥其作用，这在很大程度上是因为我国的企业财务基础较为薄弱，没有系统的管理制度对其进行规范。

2.企业会计人员的风险意识弱

企业会计人员拥有一定的风险意识对于企业的长久健康发展是至关重要的。随着现代企业之间竞争力的逐渐增强，市场中的潜在危机已是每个企业都要面对的问题。但是由于我国会计人员缺乏一定的风险意识，这就在一定程度上导致了个别企业存在着较为严重的财务危机。企业存在危机的主要原因有以下两个方面：

第一，企业过度负债。一个企业要想长期稳定的发展，就需要综合考虑自身发展水平，以及不断地衡量自身的盈亏情况，在自己的还款能力范围内，有效地向一定的金融机构获取贷款。但有些企业在实际的工作中，通常不根据自己的还款能力进行贷款，导致出现无力偿还贷款的现象，甚至面临倒闭的危险。

第二，企业短债长投。企业在发展的过程中通常会受到国家政策的影响，但是有些企业却无视国家有关的政策与法规，擅自更改贷款用途，进而导致企业的负债程度要远远大于企业的盈利程度，使企业面临倒闭的危险。

3.会计人员综合素质低

网络技术的不断发展对会计人员的综合素质提出了更高的要求，但当前的会计人员的综合素质普遍较低。不少企业的会计人员尚未认识与了解企业所采取的先进管理模式，在工作中依旧采用传统的管理模式，不能及时地对企业的管理模式进行创新，这在一定程度上阻碍了企业的快速发展。此外，一部分会计人员对新型的网络技术缺乏较为深刻的认识，并且在一定程度上缺乏刻苦钻研的精神，这不仅阻碍了自身综合素质的提高，还阻碍了企业的发展。因此，企业应加强对会计人员的思想教育工作，不断地改变会计人员的认知度与价值观，提升会计人员的责任感，以此来促进企业长期有效的良性发展。

（三）现代企业制度下财务会计模式的创新

1.建立多元化的现代企业财务会计目标模式

财务会计目标是一个企业有效发展的基础，因此企业应建立多元化的现代企业财务会计目标模式。财务会计目标的建立不仅与企业稳定的经济环境有关，在一定程度上，还取决于企业的社会影响力及企业自身的发展能力。在内外环境的综合影响下，企业应建立以下三个财务会计目标：

第一，合理的资金运转方式。一个企业要想良好地发展，就需要依靠合理的资金运转方式，使企业处在一个稳定的经济环境中，进而为企业赚取一定的利润。此外，在资金运转的过程中，资金运转的速度与方向应与企业的实际发展状况相适应，不能违背企业发展的真实情况。

第二，为国家的有关政策提供有效的会计信息。企业的运营情况在一定程度上决定着国家经济的发展方向，因此企业应如实地向国家提供真实可靠的会计信息。

第三，不断地平衡有关债权人的利益。合理有效的财务会计模式可有效地平衡投资人与债权人之间的利益，使他们处于一个相对稳定且平衡的经济环境中。

2.建立现代化企业财务会计工作模式

随着经济水平的不断提高，建立现代化企业财务会计工作模式已是当前企业发展的必由之路。传统的报账及算账的财务会计工作模式已无法满足现代企业发展的需要，这就需要企业不断地创新财务会计工作模式。就现代企业而言，其存在的财务会计工作模式主要有三种，即分散型管理模式、交叉型管理模式及统一型管理模式。三种管理模式相辅相成，不断地创新财务会计工作模式。此外，现代的企业财务管理应做到内部管理与外部管理有效结合，这样才能不断地提高企业的工作效率。

3.加强会计工作的监督检查力度

企业要想长久发展，不仅应建立良好的管理机制，在一定程度上，还要加强对财务工作的监督力度。为了加强对财务会计工作的监督力度，会计部门应在年末对企业的盈利状况进行有效的盘点，进而及时地反映出企业的盈亏情况。但是在实际的操作过程中，通常会出现会计人员虚报及假报数据的情况。一旦出现虚报及假报数据的情况，就会对企业造成不可挽回的损失。因此，为了促进企业长期良性的发展，企业应加强培养会计人员的责任感，以及对会计人员的监管力度。此外，有关人员还应注重对年末账单的核对，避免出现漏单、错单的情况。企业还应大力培养会计人员的实际操作能力，减少会计人员统计数据的错误率，从而减少企业的损失。

4.实现管理制度、信息系统和监督体系三者之间的协调统一

实现管理制度、信息系统和监督体系三者之间的协调统一，可有效地保证企业长期、

稳定、快速地发展。管理制度的建立为会计目标的确立及财务会计模式的发展提供了一种稳定的经济环境。信息系统的建立为会计目标的实施提供了一定的信息保障，在一定程度上，也确保了信息的准确性与科学性，进而可将真实的会计信息有效地反馈给国家，并帮助国家进行合理的财政调控。监督体系是运行财务会计模式的有效保障。对会计目标及财务会计模式的监督不仅可以保障会计信息的准确性，而且还能监督会计人员的工作能力，进而在一定程度上提高企业的工作效率。因此，将管理制度、信息系统和监督体系进行有效的结合，对促进企业稳定的发展具有至关重要的意义。

随着企业之间的竞争力逐渐加深，不断地分析与研究现代企业制度下的企业财务会计模式对于企业长期稳定的发展是至关重要的。首先，企业应认识与了解企业财务会计模式的构成，了解现代企业制度下的企业财务会计模式存在的主要问题，包括财务基础薄弱、财务控制力差，企业会计人员的风险意识弱，会计人员综合素质低等。其次，建立现代化企业财务会计工作模式，加强对财务会计工作的监督检查力度，实现管理制度、信息系统和监督体系三者之间的协调统一，从而提高企业的工作效率及经济效益。

三、企业会计人员管理体制的改进

（一）我国企业会计人员管理体制的现状

现行会计监督主要由国家监督、社会监督和企业内部监督三部分构成。当会计信息真实有效时，监督才能起到真正的作用，否则形同虚设。经过多年的摸索与探究，我国建立了企业会计人员管理体制，这一体制主要包括会计人员的身份界定、资格确认、工作职权规定等内容，概括来说，就是对会计师注册流程的管理和对企业会计人员的管理。一个好的会计人员管理体制要保证会计人员能够向决策者提供科学真实的会计信息。纵观现行的会计人员管理体制，由企业和主管部门对会计机构负责人和主管人员进行任免和考核，而会计实务和具体操作的准则制定和考核权却在财政部门，实行人权和事权的分开。该体制更多满足的是计划经济模式下的要求，并未从真正意义上对信息活动起到监督作用，不能保证会计信息的真实性，显现出了极大的弊端，其弊端主要体现在以下几个方面：

1.会计人员无法真正对单位负责人实施监督

单位内部监督包括单位主要负责人对审计人员和会计人员的监督、审计人员对会计人员的监督、审计人员和会计人员对单位内部部门和经济活动的监督、审计人员和会计人员对单位负责人的监督。在单位内部，会计人员、审计人员和单位主要负责人是上下级的关系，由于这一层关系的存在，会计人员对单位负责人的监督根本无法实施，这就会导致会计人员虽然给负责人提供了真实的会计信息，但负责人却造出了虚假且合法的信息。

2.社会监督的实施可行性低

《中华人民共和国会计法》明文规定注册会计师有权对被审计单位的财务会计资料进行监督审查，国家财政部门对注册会计师有监督权，任何单位和个人对违反有关会计法规的单位和个人有权进行监督，并且受国家法律保护。这些所谓的社会监督对企业会计信息有一定的约束力，但在实施过程中却需要付出相应的代价，如支付审计费，所以不具有可行性，且效果不值得肯定。

3.忽略了所有者和债权人的监督

《中华人民共和国会计法》规定了企业内部监督、社会监督、国家监督三个部分，却忽视了与本企业利益最相关的所有者和债权人的监督，未对该部分进行规定。所有者和债权人与企业利益直接相关，有权且有必要对企业会计信息进行监督，这是合情合理的，但《中华人民共和国会计法》在这方面却是一片空白。

（二）企业会计人员管理体制的发展

当今企业会计人员管理体制存在着严重的弊端，进行体制改革势在必行。

1.企业会计人员管理体制发展改革的指导原则

对企业会计人员管理体制进行改革是希望通过有效的监督，实现会计信息的真实性和有效性，从而提高企业的经济效益和社会效益。因此，改革要遵循以下几条原则：

第一，体制改革必须对企业会计人员的身份做出明确的规定，明确规定会计人员具体具备何种职能权利。只有做出明确的规定，才能够为其创造良好的条件，这有利于会计人员更好地发挥其职能，起到更好的监督作用。

第二，体制改革是为了更好地适应现代企业管理，更好地服务于现代经济的需要。因此，新的体制必须满足现代企业对会计监督管理等方面的需求，从而调动会计人员为单位提高经济效益而努力的积极性。

第三，在新的管理体制下，体制改革要能够充分发挥国家和社会对企业会计工作的监督和管理。

第四，体制改革最终是为了经济得到更好的发展，实现企业经济利益最大化，所以体制改革必须牢牢抓住这一点，在满足需求的前提下，尽可能地降低企业会计人员管理体制的成本，保证该管理体制能够为企业带来经济利益最大化。

2. 企业会计人员管理体制发展改革的设想

会计信息作为企业内外利益的相关者进行决策的主要依据，其真实性至关重要。通过分析可以发现，造成会计信息不真实的原因是会计人员并没有独立的地位，所以改革必须使会计人员的地位独立，从而保证会计信息的真实性。进行体制改革的设想如下：

（1）实现会计人员的独立化

目前，在企业会计人员的管理体制中，会计人员受企业负责人的领导，其行使职能非常被动。要想真正实现会计人员的独立化，企业可以将原来企业内部执行核算、记录、财务报告的会计人员分离出来，成立专门的营业性财务会计服务公司。这样，会计人员不再受原来企业负责人的管制，是独立活动的主体，是独立于利益相关单位的第三者，专门为利益双方收集资料，提供真实、可靠、客观、公正的财务会计信息。另外，为了避免某利益方和财务会计服务公司串通谋取非法利益，由国家专门的机构和运行机制对其实施监督，并颁布具有强制力的法律法规。财务会计服务公司由专门的运行机制对其进行约束，作为独立的中介服务机构，进行自主管理、自我经营、自负盈亏，并依法纳税，是具有法律人格的法人实体。在整个流程中，企业委托会计服务公司进行会计服务，会计服务公司首先对企业提供的会计资料进行真伪性审核，然后进行核算整理，最后将信息提供给利益相关的各方，这样就保证了会计信息的真实性。

（2）实现会计人员的企业化

在企业会计人员管理体制改革中，为了改变如今会计人员受企业和政府双重管理的现状，可以在企业内部只设置管理会计。具体来说，在新体制下，管理会计只是企业内部的一个机构，该机构不直接受企业的管理，会计通过对企业的经营管理活动进行预测、监控等，为企业决策提供有力依据，为受托代理人提供真实有效的会计信息。会计工作的动力与其利益、企业的经济效益直接挂钩。

（3）被服务企业支付会计服务费

会计人员独立出来成立专门的财务会计服务公司。作为利益相关方的第三者，通过审查企业财务资料的真实性，向被服务企业提供财务会计信息，在这个过程中，被服务企业承担会计服务费。同样，其在众多财务会计服务公司中，通过市场竞争，践行优胜劣汰的生存法则。其服务的可靠性、信息的真实性、资料的代表性和时效性等是其竞争的主要对象,并由专门的机构负责监督。所以,财务会计服务公司要想取得好的发展,必须在不断的实践、学习中完善自己,提高自己。

(4)明确委托人身份

财务会计服务公司要实现真正的独立,就必须置身于所有利益相关者之外。如果利益相关者成为委托人,就可能造成委托权混乱的局面,这是不允许发生的,所以必须明确委托人的身份。只有国家及内部利益相关者可以成为委托人,如股东大会、董事会、经营者、监事会及职工。但国家、股东大会、经营者三者进行任意组合成为委托人会造成种种弊端,不利于会计信息的真实化。其中,监事会是由股东、董事、职工按一定的比例组成的,所以由监事会作为委托人是最佳选择。

(5)设置财务会计服务公司监督机构

为了确保会计信息的真实性,避免会计服务公司和利益相关方串通起来并弄虚作假,必须设置专门的财务会计服务公司监督机构对其实施监督。这个监督可以是国家的监督,也可以是注册会计师协会及下属职能部门的监督,还可以是利益相关方的监督。在发生以权谋私、弄虚作假、严重威胁其他利益方的正当利益时,受害方有权对其进行起诉。

由于经济的快速发展,我国经济活动由国内逐渐扩展到国外,但目前的企业会计管理体制日渐显示出弊端,导致财务会计信息的真实性得不到保障,给企业、地区和国家都造成了严重的影响,使其蒙受了巨大的经济损失。所以,进行会计管理体制改革就显得尤为必要。要想真正改变会计信息弄虚作假的现状,就必须使会计人员真正从企业中独立出来,置于利益相关方之外,成为独立的第三者,受专门委托人的委托进行财务会计活动,并接受多方面的监督,以真正保证会计信息的真实性,使其更好地为经济发展做贡献。

第四节 我国企业财务会计的创新模式

会计管理制度的创新是一个庞大的工作，必定要走从人治到法治的道路。因此，要以企业会计（主要是国有大中型企业会计）的管理方式为中心创新财务会计管理制度。至今，共有三种创新的财务会计管理方式，分别是会计委任制、财务总监制和稽查特派员制。

一、会计委任制

会计委任制是国家凭借所有者身份，依靠管理职能，统一委任会计人员到国有大中型企业（含事业单位）的一种会计管理制度。在此管理制度下，各级政府应为会计管理建立专门机构，负责向国有大中型企业（含事业单位）委任、审查、派遣、任免和管理会计人员。会计人员脱离企业，成为政府管理企业的专职人员，代表政府全面、持续、系统、完备地反映企业运转情况，并以此实现直接监察的目的。

（一）企业会计委派制的特点

1. 专业性

从委派人员的任职资格和工作职责来看，只有具备相应专业技能的人员，才能胜任委派的工作，并进一步改进被委派单位现有的会计和财务管理体系，提高工作效率，规范会计基础工作。

2. 权衡性

由于委派人员代表委派部门监督被委派单位的会计行为和经济活动，并在业务上受被委派单位领导直管，这种身份的特殊性导致委派人员在面临监管者与经营者的立场无法取得一致时，需就事项的矛盾性做出一个公正的权衡性选择。委派人员既要保证做出的决定能真实、恰当地反映企业当前的财务状况和经营成果，又能通过对会计确认、计量和揭示方法的选择与运用，有效地维护和提高企业自身的经济效益。换言之，委派人员在行使其职权的过程中始终处在一个比较和权衡的过程中。

3.制约性

委派人员委派权的行使会受多方面因素的制约。如委派人员后期管理跟进不足或派驻单位支持不够，企业内部控制的设计和运行的有效性存在缺陷，均会制约委派人员职权的行使。

（二）企业会计委派应遵循的原则

从实施会计委派制的目的来看，会计委派制必须遵循一定的原则。

1.独立原则

从委派人员承担的工作职责来看，其只有不盲目依从企业领导者的意见，从专业性的角度坚持应有的职业判断，才能保持财务工作的独立性。

2.协作原则

无论是目前企业并购后的财务整合，还是企业内部控制建设的层层推进，财务作为其中的一个模块，其各项工作的开展均需要得到企业内部各职能部门的支持与配合。财务工作的独立性体现为运用正确的计量方式，反映每一笔经济事项的真实性，其监督职能也只是为了更好地规范各种不合规的经济行为。因此，各职能部门只有相互协作，相互配合，才能使委派人员在一个和谐的工作氛围中有效地行使监管职能。

3.沟通原则

如何保持企业在并购后财务信息的有效传递，如何提升企业预算编制的整体水平，这要求企业领导者赋予会计委派人员一个新的工作职责——建立沟通制度。作为监管者，只有充分了解被派驻单位的具体情况，与分管营销、产品设计、生产等部门的人员充分沟通，才能编制出对企业的生产经营具有指导意义的预算，并将企业的成本管控落到实处，使企业的财务分析报告能够为企业经营者的决策提供数据上的参考依据。

（三）企业会计委派制得以有效实施的方法和途径

1.树立服务意识，提高委派人员的综合素质

从人事部门制定的岗位说明书来看，委派岗位不仅有明确的年龄要求，还有对招聘人员整体素质的要求。委派会计人员作为会计队伍中较为优秀的财务人员，不仅要精通具体的会计业务，懂得会计法规，还要具备相应的管理才能，能够指导被派驻单位制定切实可行的经营计划，协助经营者在投融资决策等重大的经济事项中做出正确的选择。委派会计人员只有做好必要的服务工作，与企业高层领导和其他管理者交换信息，建立有意义的关系，才能在日常工作中得到尊重与认可，起到监督的作用。

2.明确单位负责人的会计责任主体地位，保障会计监督能够有效实施

任何工作的推进，若得不到组织给予的必要支持，则一定得不到贯彻和落实。会计委派制作为监督被派驻单位的具体经济行为的一种管理方式，若没有相应的保障机制来维护其依法行使会计监督和管理的职能，最终也只能流于形式。如果明确了单位负责人在经济事项中应该承担的责任，将报酬与业绩紧密结合，那么违法违规的行为必将得到遏制，会计委派制的初衷也就会在领导的自觉行为中得到实现。

3.委派会计人员应当有明确的价值取向

委派会计人员为了保持其自身的价值，必须做到如下几点：

第一，要树立持续教育和终身学习的信念，而不仅仅是通过资格认证。

第二，要保持自身的竞争力，能够熟练并有效率地完成工作。

第三，应恪守职业道德，坚持会计职业的客观性。

4.积极推行信息技术环境下会计信息系统的运用

由于信息技术的应用彻底改变了传统会计工作者处理信息的工具和手段，会计人员的工作重心也通过自动化的方式从大量的核算中解脱出来，所以会计人员不再仅仅是客观地反映会计信息，而是要承担起企业内部管理员的职责，开启一种从事中记账、算账、事后报账转向事先预测、规划，事中控制、监督，事后分析及决策的全新管理模式。委派会计人员应将注意力更多地集中到分析工作上，而不只是提供会计和财务数据。委派会计人员的作用更多地体现在通过财务控制分析，参与企业综合管理和提供专业决策，从而使会计信息实现增值并创造更高的效能，真正达到监督和管理的目的。

为了促使企业会计委派制得到有效实施，除了从社会环境（法的角度）加以保障，

人的层面也应得到落实。一方面，会计委派人员自身所具备的职业素养，使其能够在各种环境下胜任委派工作；另一方面，被监管企业的领导恪尽职守，知法守法，在实现企业价值最大化的过程中，用开放的心态接受委派人员，且用人不疑。

二、财务总监制

财务总监制是国家以所有者身份，凭借其对国有企业有绝对控股或者有极高的控制地位，对国有大、中型企业直接派出财务总监的一种会计管理体制。执行此制度时，国有资产经营企业调遣的财务总监有权依照法律对国有企业的财务状况开展专业的财务监督。

（一）财务总监制的合法性分析

财务总监这一名词，中国以前是没有的。随着与世界经济交往的不断加深，该词才由国外引入中国。我国的财务总监制度尚处于发展的初级阶段，在现实中，仍有总会计师、财务负责人、财务部长、财务经理等与它具有相类似的职能。目前，我国现有的相关法律法规并未涉及财务总监，从有关的法律法规分析来看，财务总监不同于一般的会计机构负责人和会计主管人员，其属于企业决策层，需由董事会任免。此外，母公司向子公司委派财务总监并没有违反相关法律规定。

1.财务总监不同于会计机构负责人和会计主管人员

《中华人民共和国会计法》第三十六条规定："各单位应当根据会计业务的需要，设置会计机构，或者在有关机构中设置会计人员并指定会计主管人员。"《会计基础工作规范》第六条规定："会计机构负责人、会计主管人员的任免，应当符合《中华人民共和国会计法》和有关法律的规定。"此处的会计机构负责人和会计主管人员（如会计主管或财务部门经理等）是财务会计职能部门的领导者，他们主要负责企业日常的具体财务会计核算活动（这些活动贯穿确认、记录、计量和报告四个环节），属于企业的中层管理者。而财务总监则不一样，他们是企业的高层人员，属于决策层，主要站在企业全局角度进行战略管理和价值管理。尤其是在国外，财务总监同首席执行官一道为股东服务，广泛地活动于战略规划、业绩管理、重大并购、公司架构、团队建设及对外交流等领域，而不再从事日常会计财务工作和具体的基本核算。

2.财务总监相当于总会计师

《中华人民共和国会计法》第三十六条还规定:"国有的和国有资产占控股地位或者主导地位的大、中型企业必须设置总会计师。总会计师的任职资格、任免程序、职责权限由国务院规定。"《总会计师条例》第三条规定:"总会计师是单位行政领导成员,协助单位主要行政领导人工作,直接对单位主要行政领导人负责。"第十四条还规定:"会计人员的任用、晋升、调动、奖惩,应当事先征求总会计师的意见。财会机构负责人或者会计主管人员的人选,应当由总会计师进行业务考核,依照有关规定审批。"由此可见,总会计师是主管本单位财务会计工作的行政领导,而不是会计机构的负责人或会计主管人员,其全面负责财务会计管理和经济核算,参与单位的重大决策和经营活动,是单位主要行政领导人的参谋和助手。如果不考虑企业所有权性质,一般企业中的财务总监的地位、作用和职责很大程度上类似于国有企业中的总会计师。

3.财务总监由公司董事会任免

《中华人民共和国公司法》第四十六条规定,董事会可以"决定公司内部管理机构的设置"和"决定聘任或者解聘公司经理及其报酬事项,并根据经理的提名决定聘任或者解聘公司副经理、财务负责人及其报酬事项"。所以,财务负责人绝非一般的会计机构的负责人和会计主管(有时在岗位设置上,财务负责人可以兼任会计机构负责人或会计主管),而属于财务总监。由于母公司对子公司的绝对控制,经由子公司股东大会投票选举出的子公司董事会实际上是由控股的母公司决定产生的,子公司董事会若要任免财务总监,必须要遵从母公司的意见。而母公司直接向子公司委派财务总监,只不过是省略了"经由董事会通过"这一环节,最终结果是一样的,并且没有违反《中华人民共和国公司法》的规定。

(二)财务总监制的合理性分析

1.理论分析上合理

根据委托代理理论,企业内的母公司作为子公司的控股股东,和子公司的管理层之间属于委托代理关系。委托人母公司将资源分配给代理人子公司,并由其掌控支配;子公司在一定时期内负责资源的保值增值,并向母公司汇报其使用资源的情况。但是,母公司与子公司之间常存在信息不对称、风险不对称和利益目标函数不相同等问题。因此,母公司通常会派出财务总监对子公司的财务工作进行监督和控制,以维护整体的利益。

财务总监委派制度的内在机制反映了委托代理理论的要求，而这种委托代理理论关系实际上划分了两层：一层存在于母公司与子公司之间，另一层存在于母公司与委派的财务总监之间。同时，这也是对企业法人治理结构的一种完善，符合现阶段客观经济环境的要求。

2.实际操作上合理

母公司对子公司的控制力主要体现在对其财务的控制上。母公司实现这一目标的途径就是向子公司委派财务总监，使其进入该公司的决策层，对子公司的财务决策做到事前监督、事中控制和事后反馈，并及时向母公司汇报情况。对母公司而言，只需派出一个能胜任的职员，就可加强对子公司的控制和监督，减少代理风险，避免给企业带来巨大损害。当然，这个具备胜任能力的合格人选既可以从内部推荐选拔产生，也可以通过市场公开招聘录用产生。财务总监制所耗费的成本费用，相对于其所带来的经济效益是微不足道的，符合成本效益原则。

（三）财务总监制的注意事项

1.被委派者的胜任能力和道德品质

被委派者的胜任能力和道德品质主要包括专业胜任能力（如精通财务会计、税务和法律等方面的知识，具备丰富的财务会计从业经验等），管理胜任能力（如统筹规划、沟通协调、团结激励等）和职业胜任品德（如独立公正、不徇私舞弊、恪守诚信等）。被委派者只有具备了这些能力和品德，才能担当重任，监督和控制子公司的财务行为，让母公司放心。

2.职责权限和约束机制

基于两个层次代理理论，被委派的财务总监应向母公司汇报子公司管理层的财务状况和经营成果，但不能任命子公司的最高管理层。同样，子公司也担负着向母公司汇报财务状况和经营成果的责任。在这种情况下，财务总监在行使职能时，不能对子公司过多干预，影响子公司的正常经营活动。子公司可以通过设立相关机构（如审计委员会）来监督和约束被委派财务总监的权力，使得子公司和被委派财务总监之间形成相互监督与被监督的权力制衡机制。如果两者产生分歧和矛盾，最终裁定权在母公司手里，由母公司从整体利益的角度出发来做出适当的决策。

3.薪酬管理体制

目前，我国企业对外委派的财务总监的薪酬大多由被派入企业——子公司自行决定，或者由派出者——母公司发放基本工资，奖金与津贴由子公司发放。这种薪酬体制使得被委派的财务总监与子公司存在很强的利益相关性。根据委托——代理理论，被委派的财务总监的主要职责就是代表母公司对下属控股公司进行经济监督和控制，其所服务的对象是委托人——母公司，而非受托人——子公司。因此，理应由母公司根据考核的绩效对被委派的财务总监支付薪酬。

被委派的财务总监的薪酬体系只有让母公司统一管理，才能从体制上彻底解决被委派的财务总监和子公司的利益相关的问题，实现其真正的独立。这样做，对企业整体来说，成本略高一点，但却大大降低了被委派的财务总监和子公司合谋共同侵害母公司利益事件发生的概率，相当于是为未来可能产生的风险损失购买了一份保险。

4.岗位定期轮换

尽管实行薪酬管理体制，但仍不可完全避免被委派的财务总监与子公司管理层之间的合谋。当财务总监通过合谋获得的收益大于母公司支付给他的报酬，他就可能铤而走险。因为母公司不可能随时关注子公司，所以这种合谋行为通常不易被母公司发现，即使被发现也很可能为时已晚，会给母公司带来巨大损失。因此，有必要对被委派的财务总监实行岗位定期轮换，很大程度上可以杜绝合谋事件的发生。多久轮换一次，则要视情况而定。

5.对子公司和被委派财务总监的审计监督

在财务总监被委派到子公司的任期内，根据双重委托代理关系，母公司不仅应该对子公司的财务经营活动状况进行内部审计，而且应该对被委派的财务总监进行离任审计，以便客观、公正地评价财务总监的工作情况，防止财务总监对子公司的财务违法行为不抵制、不报告，甚至与子公司合谋来侵害母公司的利益。

三、稽查特派员制

稽查特派员能有效督促国有企业中总会计师组织的形成和权力的合理运用，而且稽查特派员是由国务院派出的，他们不对企业经营活动进行干涉，其职责是代表国家对企业实施财务监督，将监督后的财务状况进行分析，并对企业管理方式和经营业绩做出评价。

（一）稽查特派员制的基本特征

第一，稽查特派员与所查企业完全独立。一方面，实现了国家对企业的监督；另一方面，不干扰和束缚企业自主权的充分发挥，真正做到政企分开，这意味着国家对企业监管的形式发生了根本性的转变。同时，为保证稽查的客观公正，对特派员实行定期岗位轮换制度。第二，稽查特派员的主要职责是对企业经营状况实施监管，抓住企业监督的关键。第三，将稽查与考察企业领导人的经营业绩结合起来。管住了企业的领导，也就管好了企业的会计，做到了从对企业会计人员的直接管理向间接管理的转变。第四，国家从国有重点大型企业里所获得的财税收益，同实行稽查特派员制度的开支相比，符合成本效益原则。

（二）稽查特派员制的必要性

稽查特派员制的一个重要突破就是把对领导者奖惩任免的人事管理与财务监督结合起来，迫使企业领导者从其切身利益出发，关注企业的财务状况和经营成果，真正体现业绩考核的基本要求。建立稽查特派员制是一项长远的制度安排，是转变政府职能、改革国有企业管理监督制度和人事管理制度的重大举措，也是实现政企分开的举措。因为稽查特派员只拥有检查权、评价权和向国务院及其有关部门的建议权，并不拥有任何资源，也不履行任何审批职能，所以不会导致新的政企不分。而且稽查特派员制是政企分开后体现所有者权益的必备措施，即在实行政企分开，放手让国有企业自主经营的同时，强化政府对企业的监督。

（三）稽查特派员制存在的问题

稽查特派员制还存在以下一些问题：

1.很难消除国有企业的"内部人控制"现象

"内部人控制"产生的直接原因是所有者与经营者之间的信息不对称。然而，按照稽查特派员制的纪律要求，稽查人员不得对企业的经营决策发表任何意见，也不得提出任何建议，不参与、不干预企业的任何经营活动。这就意味着稽查特派员无法及时了解企业生产经营活动过程，无法正面了解企业经营者在指挥、控制和重大决策等方面的表现,他只能依据企业提供的会计信息对企业经营者进行财务监督与业绩考核。此时,会计人员与经营者的隶属关系并没有改变,会计人员的职务升迁、工资待遇仍然由经营者支配,会计人员与经营者合谋歪曲会计信息、共同欺骗特派员的情况依然存在。因此,稽查特派员制很难消除国有企业普遍存在的"内部人控制"现象。

2.依赖于政府至高无上的行政权力

稽查特派员制仍依赖于政府至高无上的行政权力,而不是当事人之间的利益约束机制。为了保证稽查特派员的公正廉洁,政府对稽查特派员的选拔和培训是非常严格的,《国务院稽查特派员条例》明确规定了特派员及其助理人员的法律责任。然而,在市场机制下,符合经济规律的稳定制衡机制应该更多地依靠利益来相互制衡,而不是依靠行政手段赋予某一方更大的权力。稽查特派员对企业经营者的监督,并不存在直接的利益驱动因素,完全是一种行政职责。他要关注的是经营者是否做出损害国家利益的行为,而不是如何实现国有资产的保值与增值,如何提高企业经济效益。因为其自身利益并没有与企业利益联系在一起,也就是说,在特派员、经营者和所有者之间并没有形成一个相互制约的利益制衡机制,所以这样执行的结果很可能导致特派员稽查乏力、形同虚设,也不排除特派员被经营者收买、合谋欺骗所有者的可能。

3.难以贯穿企业经营全过程

稽查特派员制只是一种事后监督,所以难以实现事前预防和事中控制,难以贯穿企业经营活动的全过程。稽查特派员制真正具有威慑力的方面在于其有权对企业经营业绩做出评价,并对企业主要领导干部的奖惩任免提出建议。这对任何一个理性的经营者来说,都能形成持续的外部压力,促使其在工作中尽职尽力、恪尽职守。但对非理性的或低能的经营者来说,这一监督机制的事前控制能力差的弱点将会给国家利益带来巨大的危害。因为它不重视过程监督,只重视结果考核,通常要等到企业巨额亏损形成后才发现问题,进而更换经营者。这种"亡羊补牢"的做法比起没有特派员固然是一种进步,但无法弥补已造成的经济损失。

稽查特派员制作为我国国有企业改革转型期的特殊政策,在严格选拔和任用特派员的基础上,对影响国计民生的特大型国有企业,能起到加强监督的作用,但其高昂的监督成本和忽视事前、事中监督的固有缺陷,决定了它不宜普遍推广。

第六章 现代企业财务会计创新的模式

第一节 人力资本会计下的薪酬模式创新

一、关于人力资本的问题

（一）人力资本的特殊问题

1.产权问题

人力资本产权除具有与物质资本产权相同的特征——排他性、可分解性、可交易性外，还具有不同于物质资本产权的特征。主要表现在人力资本与其载体的不可分离上，即人力资本只能凝结于人体中，不能离开其载体而独立存在。人力资本与其载体的不可分离决定了人力资本的所有权属于其载体，在这个意义上，也称该载体为人力资本所有者，这是人力资本区别于物质资本的本质特征之一。另外，人力资本必须依附于个体存在，这也决定了人力资本所有权的不可转让性和不可继承性。存在于某一个特定个体身上的人力资本会随着该个体的消亡而消亡，不能够直接继承，只能通过间接的方式继承，即通过形成特定的知识资本而被后来者重新学习和获取，从而形成新的人力资本。

人力资本作为生产过程中的一个基本要素，其显著特征就是与所有者的不可分离性，这从根本上决定了所有者完全控制着人力资本的利用效率。如果部分人力资本产权被限制或被压缩，将导致人力资本效用的减少或人力资本的"贬值"，这正是人力资本的产权特性。人力资本属于个人，人力资本的价值又需要在企业中体现，需要使其所有权与使用权分离，这从根本上决定了对人力资本只能"激励"而不能"压榨"。企业只有充分认识人力资本产权的特点，才能完成对于企业中人力资源的正确计量。人力资本产权属于其载体，人力资本作用的发挥受薪酬激励机制的影响，而人们对企业中人力资源的计量应该主要关注其对企业价值贡献的大小。

2.人力资本抵押问题

人力资本与其拥有者是不可分离的，这是人力资本区别于其他资本最显著的特征。在我国，人们对人力资本是否可抵押存在着两种不同的认识：一部分人认为，人力资本是可抵押的，虽然人力资本的所有权属于其载体，不能分离出来，但是人力资本可以以其使用权作为抵押。另一部分人则认为，人力资本是不可抵押的，人力资本所有者与其拥有资本的一律性，使其无抵押性。非人力资本与其所有者的可分离性意味着非人力资本具有抵押功能，可以被其他成员作为"人质"，而人力资本与其所有者的不可分离性意味着人力资本不具有抵押功能，不能被其他成员当"人质"。

（二）人力资本的分类

人力资本存在着异质性，这一点已经被广大经济学家所认可。周其仁依据人力资本在企业生产过程中投入的不同，把人力资本分为三类，即工人的劳动、经理的管理知识和能力、企业家的经营决策。

二、薪酬概念

广义的薪酬包括物质性的薪酬与精神性的薪酬。物质性的薪酬包括工资、奖金、福利待遇和假期等。精神性的薪酬指个人对企业及对工作本身在心理上的感受等。狭义的薪酬是指企业对其工作人员给企业所做的贡献，包括他们实现的绩效，付出的努力、时间、学识、技能、经验，以及创造所付出的货币或实物回报。

（一）薪酬模式的发展史

1.以职位为基础的薪酬模式

以职位为基础的薪酬模式产生于20世纪30年代以泰勒为代表的科学管理运动。每一项工作都要细化，并加以科学分析，以确定出最科学有效的方法。科学管理方法是同大生产技术相适应的，它可以使企业在竞争中获得优势。以职位为基础的薪酬模式注意到人的价值发挥离不开一个工作舞台，因此根据员工所从事的工作进行收益分配无疑有一定的合理性。不同的职位在企业内的相对价值也是不同的，即使是同一个人从事不同的工作，其获得的收入也是不同的。目前，我国大多数企业和政府部门采用的就是这种形式。

将员工的收入与职位晋升相关联，有利于调动员工努力工作的积极性，以更好地从企业内部培养各岗位的接班人。通过这种形式可以激励人才价值的发挥和潜在价值的提升，但是这种模式对员工的激励作用有限。若一个员工在工作中长期得不到晋升，尽管他在工作中能不断学习新的知识，可是没有更好的职位晋升，他对工作也会有悲观的态度，难以充分发挥其聪明才智。对许多个人业务能力突出、又不愿意从事管理工作的专业技术人员来说，薪酬与岗位相挂钩的规定使得他们难以在企业中感到顺心如意。此外，这种模式设计比较僵化，忽视了人的非同质性，忽视了不同的人在同一岗位发挥的作用可能是不同的。

2.基于能力的薪酬模式

基于能力的薪酬模式最早起源于20世纪60年代的制造业。随着经济环境的变化、世界经济一体化趋势的加强、市场竞争的加剧和高素质人才的供不应求，企业管理者认识到要提高企业的运行效率、达到企业的经营目标，比过去任何时候都要更加依赖员工的技术、能力和表现，员工成为决定企业成败的关键。不能再将员工的工作拘泥于特定的职位描述，必须鼓励员工参与更多的工作，钻研更新的工作方法，提高员工的工作能力。在这一背景下，许多企业改变了原来仅凭职位决定薪酬的制度，引入了一种以个人技术能力为基础的薪酬模式。

而基于胜任力的薪酬模式至今无明确的定义。一般情况下，胜任力是指个体要有履行职务所必需的技巧、知识、经验、特性和行为，通常认为基于胜任力的薪酬模式不过是更换概念的基于能力的薪酬模式。关于能力的定义也是模糊不清，究竟能力是可以学到和培养的技能，还是包括比较难以通过学习培训得到的态度和动机呢？能力应关注企业的最低要求，还是关注可以带来的优秀业绩呢？能力是员工的个人特征，还是组织的特征呢？尽管能力的定义还没有明确，但也没有阻碍大量的薪酬咨询公司对基于能力的薪酬体系的不断发展，而且在实践中每个企业也都有自己认可的关键能力。这表明对员工能力的认可并非要有统一的标准，而要从每个微观的主体探讨企业所需要的关键能力和普通能力。

越来越多的企业开始重视发掘员工的潜质，因此给予最有能力的员工最高的报酬。利用报酬的增长刺激员工能力的提高已成为很多企业改进薪酬机制的目标，企业对员工个体作为一个重要单元的重视日益增加。员工可以通过自身能力的提升实现自身的价值，个人能力的提高使得员工更容易更换岗位，这也增加了员工个人的发展机会。员工自身能力的不断提高，可以提高企业适应环境的能力，尤其对希望开拓新业务或者实现企业转型的企业，有助于其留住专业水平较高的员工。那些不愿意在行政管理岗位上发展的员工，他们可以在专业领域获得好的报酬与发展机会，企业也不会出现以岗位为基础的模式下"一山不容二虎"的情况。

以能力为基础的薪酬模式的核心是员工得到的报酬是凭借着他们具备相关的技能或能力，但是这些技能或能力却不一定是员工在实际工作中运用的技能或能力。高技能的员工未必有高产出，个人能力的发挥会受到诸多因素的影响，如个人的工作态度、人际关系能力、精神因素等。心理学家认为，个人的自我意识、性格、动机是造成人与人之间产生差异的主要因素，是区分优异绩效与普通绩效的关键要素。有时，个人提升的能力可能并不符合企业发展战略的要求。随着组织战略的变化，作为薪酬要素的能力也会失去作用。员工对提高个人能力的追求，可能会导致忽视组织发展的整体需要，不利于培养其团队合作精神。当完成一项任务需要团队的合作时，这种模式通常会产生反作用，难以有效激励所有员工共同努力完成任务。雇主已经明白这样一个事实：单靠个人的能力是不能保证质量和企业效益的，必须依靠团队和整个体制共同努力，他们需要财富共享和亏损共担。个人价值的发挥和实现依赖于企业整体价值的实现，个人能力的发挥也受企业性质的制约，只考察个人能力具有片面性。

3.基于绩效的薪酬模式

随着经济的飞速发展和分析工具的日益成熟，有关薪酬问题的焦点也有显著转移，薪酬模式经历了从最初标准化的基本薪金到基本薪金加上激励性薪酬的转变。最初人们认为工资是一种权利，以绩效为基础的薪酬体系的推行无疑是一个信号，要求员工必须认识到薪酬要随着以某种标准衡量的个人或者组织的业绩变动而变动，因为企业的经营业绩、价值提升是建立在每一个人价值提升的基础之上的。

绩效薪酬将薪酬与企业确定的特定绩效目标相联系，它不是由个人所处的职位所保证的，这种模式似乎更好地被雇员时代的雇主所接受。类似于收入与费用的配比原则，支出的薪酬可以通过个人新创造的价值得到补偿，激励的效果也比较明显，个人所得与个人贡献相联系，符合大多数人的想法。只有雇员带来新创造的价值，才可以分配给他们相应的报酬，绩效薪酬数额随绩效目标完成状况而浮动，虽然员工的底薪有所减少，但是可以根据具体目标的实现状况获得更高的奖励性薪酬。可变薪酬的设计可以促使员工获得更好的业绩，或者帮助企业消减成本。对企业来说，绩效薪酬可以减少管理费用、降低管理成本和提高产出；对员工来说，绩效薪酬使自己的努力与收入紧密相关。但绩效薪酬容易造成个人利益至上的企业文化，引起部门或者团队内部成员之间不正当的竞争，员工之间更倾向于个人的努力，忽视或者不愿合作，难以形成团结一致的企业文化。

绩效薪酬可以给予员工更多的自由，员工的个人能力也可以充分发挥出来，员工可以根据自己的情况完成工作任务，按照绩效付酬也比较明确，员工容易理解。此外，员工的工作目标比较明确，通过层层目标的分解，组织战略容易实现。根据英国学者理查德·索普的观点，人力资源模型的应用可以更好地发挥绩效薪酬的激励作用。他认为人对归属感的需要、成就感的需要和金钱的需要，促成了人的行为，换言之，这些变量会影响个人行为，考察人的绩效时，还要考察人的精神需求。基于绩效的薪酬模式注意到了人力资源价值的外在表现，如果说能力是人力资源价值的内在源泉，那么个人所带来的绩效变化就是个人在企业中展现自身能力的结果，尽管这种结果可能并非全部由个人所决定。

4.基于个人市场价值大小决定薪酬的模式

薪酬设计的一个重要原则就是外部公平性，工作定价就是在组织的支付能力约束之内达到外部报酬公平的过程。随着近年来经济的不断发展，人才流动加剧，出现了基于个人市场价值的薪酬模式，众多人才猎头公司的出现为这种模式的存在提供了重要的支持。

稀缺性的人才通常决定了企业的竞争力。从薪酬的设计思想考虑，以绩效为基础和基于能力的薪酬模式更多地考虑了内部公平性。然而，企业的运营不能脱离经济环境，外部因素尤其是人才市场的人才供应情况也会影响到人才的薪酬，或者说员工的价值也会随着外部市场的变化而变化，人才的价值不是一成不变的。企业如果想通过薪酬设计吸引和留住稀有人才，那么只考虑薪酬的内部公平一致性，也难以吸引和留住稀有人才。

以个人市场价值为基础的薪酬模式体现了个人具有价值与所获薪酬的关系。市场所确认的个人价值虽然不一定是企业所认为的个人价值，但是企业可以将其作为参考标准，通过提供有竞争力的薪酬，吸引住企业所需要的人才，鼓励员工不断提升自身的价值。企业可以通过薪酬策略吸引和留住关键人才，同时通过调整那些替代性强的人才的薪酬水平，降低人工成本，以提高企业的竞争力。完全按照市场价值确定薪酬的缺点是可能造成企业内部薪酬差别过大，影响组织内部的公平性，同时也会忽视人才的特质性。市场确定的价值是一个模糊的、不断变动的标准，市场因素只是影响人力资源价值的一个因素，只以市场标准来确认人才的价值是不合理的，在进行人才评估时应考虑企业自身对人才的需求。

（二）我国人力资本薪酬模式存在的问题

1.货币性计量存在的缺陷

对薪酬实行货币性计量方法或多或少存在着缺陷：基于工资的计量方法实际上是本末倒置的，因为在考虑人力资本参与分配的问题时，应该先确定其价值，然后再决定其分配，以工资为基础计量人力资本价值显然不合适。基于收益的计量方法，由于未来收益难以确定，折现率的选择也有很大的不确定性。其他方法在确认人力资本拥有者的薪酬时，并没有考虑他们的非货币性收益。同物质资源拥有者所获取的收益方式不同，人力资本拥有者（企业员工）不仅可以获得货币性的收益，而且完全可以获取如心理满足、工作中的愉悦感、休假、良好的工作氛围等难以用货币计量的收益。单纯从货币角度考虑人力资本拥有者的收益是不科学的，对财务资本所有者与人力资本所有者的分割只是对物质收益的分割，并不包括对非物质收益的分割。

2.非货币性计量存在的不足

一直以来，非货币性计量只是作为货币性计量的补充手段使用，因为货币作为计量标准无法对影响人力资本价值的特殊因素进行计量，如一个人的性格、进取心、责任心、学习能力、潜在能力、处理人际关系的能力等。事实上，随着人在企业中的作用不断增大，这些无法用货币计量的因素发挥着越来越重要的作用，忽视这些因素的影响，就难以可靠计量人力资本的价值。

对人的价值的计量难度在于对人的能力的评价，人的能力发挥与他所掌握的知识、先天技能、个人精神状态、经验积累都有相关性，信息使用者对人的价值的判定还取决于他所选择的参照系。非货币性计量的可靠性较差，从信息使用者的要求看，采用相对可靠性概念似乎更科学。人们应当突破传统的财务报告模式，在财务报表内对确认和计量方面进行创新，使之可确认更多的有用信息。非货币计量的应用有助于传统财务会计更好地发挥作用。

对人力资本价值的非货币性计量，主要是使用模糊计量和定性描述的方法。人力资本价值的非货币性计量常用的计量方法有：①绩效评价法。对某人的工作业绩通过打分的方式进行具体评价，并按一定顺序进行级别排列，类似于货币计量的变通。②工作态度评定法。衡量工作人员的态度，主要是了解工作人员对某些客观事物的感情倾向，以便估计工作人员对他们所从事的工作、报酬、环境及整个组织的看法。③人力资本价值技术指标统计分析法。通过对企业拥有的员工的受教育水平、知识能力、工作经验及专门技术等素质构成和能力特征来编制一览表进行分等衡量，以评价人力资本价值。④潜力评价法。确定某人在工作中的发展和职务提升的可能性，主要为了计量某人能为组织提供多大的潜在服务。

货币性计量的准确性通常受到信息使用者的怀疑，因为在评估的过程中要较多地使用主观评价，所以难以避免评估的主观性，这也不利于不同企业之间做比较，缺乏统一的标准。在实际工作中，使用的非货币性计量方法通常走向了另一个极端，即完全忽视货币性因素的影响，单纯考虑对非货币性因素的考核。这种方法过于片面，更多地注重技能等因素，而忽视了人的能力发挥所带来的经济收益，以及人的精神因素。人力资本薪酬模式应该采取将货币性计量和非货币性计量二者相结合的方式，这样得出的结果更符合信息使用者的要求。

三、人力资本会计下的薪酬设计

马斯洛的需求层次理论认为，人的需要可以分为生理需要、安全需要、社会需要、对尊重的需要、自我实现的需要。当一种需要被满足时，便不再起激励作用，只有新的、更高层次的需要才可以产生激励作用。最高层次的需要便是自我实现的需要，指人们希望最大限度地实现自我价值和充分发挥自己的能力。随着知识经济时代的到来，人们更多地表现出这种高层次的需要，渴望自身价值的展示，这就要求企业为其提供展示的舞台，使其能力得到发挥，获得与其努力相适应的报酬。

在20世纪60年代末至70年代初出现了"复杂人"的假设，认为人的需要是多种多样的，这种需要随着人的发展和生活条件的变化而变化，每个人的需要各不相同。即使是同一个人，在不同单位或同一单位的不同部门工作，需求也会不同。人的复杂性决定了薪酬形式的多样化，针对每个人的喜好不同，企业要为员工提供包括非货币性薪酬的多种形式的报酬，这样才可以激励员工展示自身应有的价值。

（一）薪酬总额的确定

1.货币性薪酬的确定

在传统的将薪酬视为一项费用的观点下，薪酬总额的确定方法主要有简单预算法、累加预算法、经营业绩比率法。事实上，越来越多的人力资本专家认为，对员工进行的任何形式的投资都与投资厂房或机器等物质资产相似，将形成一项长期资产，而不再被认为是企业在本年度所发生的一笔费用，许多企业开始考虑考核人力资本投资的回报率。薪酬的确定应视为对员工的一项投资，总额的确定可以采取类似财务资本投资的形式，通过确定人力资本投资回报率的办法实现。具体方法和步骤如下：

第一，确定未来一年的企业总收益，且计算收益时不扣除人力资本支出。通过企业的财务预测，得出未来的总收益，这一收益既不同于传统的财务收益，也不是最终可分配的净利润，而是在公司的财务人员调整计算之后获得。

第二，分别确定财务资本收益率和人力资本投资收益率。财务资本收益率比较容易确定，也容易被人们所接受。在财务分析与财务决策的过程中，一般都要考虑财务资本的收益率。而对人力资本的收益率，尽管人力资本理论在近些年有了长足的发展，但是具体的量化仍然处于不成熟的阶段，因此在实际运用中可能存在困难。人力资本投资主要包括货币性薪酬和非货币性薪酬。人力资本价值的形成受多种因素影响，在计算成本时存在一定的困难。但是毫无疑问，在许多人力资本占据主导地位的行业，如会计师事务所、律师事务所等，人力资本的作用已经远远超过财务资本的作用，如果无法体现人力资本所有者的利益，就难以有效地实现企业的运转和发展。

人力资本投资收益率的确定可以通过咨询专业人力资源服务公司，或通过企业的财务资本所有者与人力资本所有者之间的协商予以解决。比较稳妥的、容易被大多数企业所接受的方法就是参考以前的薪酬收入与经营成果之间的关系。对于一些非货币薪酬的因素，可以通过员工调查的形式来确定，在这一过程中，另一个困难就是如何使财务资本所有者和人力资本所有者就收益分割比率达成一致。从目前许多行业的情况看，财务资本仍然处于稀缺的状态，因此仍然居于主导地位。而人力资本的作用越来越重要，其在资本中的地位将是从居于次要地位到与财务资本处于平等地位，最终居于主导地位。在这一动态的逐渐转变过程中，关于收益和企业价值的分割需要财务资本所有者和人力资本所有者不断地进行博弈。

第三，依据人力资本投资收益率与用于人力资本的投资来计算货币性薪酬总额。通过确定的人力资本投资收益率,结合企业的经营收益和增加的价值,可以计算出未来应该支付的薪酬总额。对于人力资本拥有者和企业员工,依据每个人的人力资本价值分配薪酬总额。

2.非货币性薪酬的确定

在计算人力资本投资收益时,人们通常会忽视非货币性收益的影响,事实上,非货币性收益也是人力资本拥有者密切关注的因素。因此,确定薪酬总额时必须考虑非货币性薪酬的影响。虽然非货币性薪酬可能难以确定出一个总额,比如为员工提供度假的机会、工作带来的愉悦感、为员工提供离家更近的工作场所等,但是也要充分考虑员工需求的必要性和企业提供的可能性。

(二)薪酬构成

采用整体薪酬的方式,可以将薪酬分为几个组成部分,即货币性薪酬部分、基本工资、参与利润分配部分、个人价值提升奖励部分、福利、补贴、津贴、非货币性薪酬部分、培训机会、晋升机会、发展机会、心理收入、生活质量。

每位员工的薪酬构成比例,可以与对他们的价值评定考核相联系;基本工资的确定,可以与确认的员工基本价值部分相适应。虽然每个企业对基本价值的认定有所不同,但是基本依据都是对员工的能力评价及反映其能力发挥的财务指标。

参与利润分配,也可称为利润分享。经营成果的分配同认定的人力资本价值中的指标相联系,确定是否可以分享、分享的比例等同能力发挥指标的考核相关联,也可以同对其成长价值的认定相关联。利润分享的目的是希望通过利润分享,将员工的自身价值提升与企业价值增值密切相连,使员工参与到经营成果的分配中,以鼓励他们最大限度地发挥自身的价值,为企业的运营带来最大的收益,实现企业和员工的双赢。

在近些年的经济发展中,企业经历了从财务资本占据绝对主导权到人力资本与财务资本共同参与企业运营的过程,而且人力资本在其中的作用越来越大,可能在未来的某一天会如以往的财务资本一样占据绝对主导权,决定经营成果的分享。从现实的角度看,人力资本具有参与价值分配的必然性,人力资本是企业风险的真正承担者,所以必然要享有剩余人力资本。所有者由于其本身价值同个人所处的行业、承担的工作是密不可分的,所以不可避免地就要对企业产生依赖性。个人在企业中的工作也会形成在未来可以享用的共同资产,一旦离去,个人会承受财务上的损失。不同于财务资本所有者只承担有形损失,人力资本所有者还要承担无形的损失。员工在工作的过程中,一般会对企业产生一种归属感，与同事之间的友情，与客户良好的关系，工作中获得的认同、信任、尊重等情感都是个人生活中重要的一部分，一旦离去便无法继续享受。既然人力资本所有者要承担风险，而且其自身价值与企业的运营状况又是密切相关的，那么在收益分配时就要体现他们的权益。

收益分享，是从多方面考察一个员工，包括一些对提高企业经营业绩十分重要的指标。收益分享中不仅要考虑每个人的收益，还要考察影响财务收益的非财务因素，如顾客满意度的提高、企业形象的不断改善等。这些都可以通过考察个人的性格特点、诚信度、对公司文化的认同感、心理状态来获得。因此，收益可以根据人力资本价值评价的指标进行分配，主要以财务指标为主，结合企业的具体要求考虑非财务指标。收益分享的本质不仅仅是计算和分配收益的方法，更应该是通过这种形式鼓励员工展示出自己的价值，从而使得企业的效益得以改善、价值得以提升。

对于奖励个人价值提升的部分，企业可以从薪酬总额中单独拿出一部分作为对员工提升自身价值的奖赏，比如为个人参加外部学习培训提供资金、奖励等，鼓励员工积极学习，提高自身素质。

非货币性薪酬包括培训机会、晋升机会、发展机会、心理收入、生活质量（反映生活中其他方面的重要因素，如上下班便利措施、弹性工作时间等）、度假时间、个人的独特需求（如带宠物上班）等，更多地同员工的身体、精神状态等指标相联系。这部分薪酬的设计可以同货币性薪酬相联系。比如，假设员工不希望度假，则可以获得一定数额的货币性补偿；某个培训机会的放弃，可以有一定数额的货币性补偿等。非货币性薪酬的设计更多地要同对员工的评价相结合，薪酬的确定并非绝对地同某一部分构成人力资本价值的指标相关联，而可能同多个部分相联系。

（三）以人力资本价值为基础的薪酬模式的优点与缺点

人力资本价值的薪酬有以下优点：

（1）可以有效地解决人力资本价值信息披露不足的问题。通过对人力资本多方面计量得出的价值，可以让报表使用者更好地了解企业拥有的人力资本状况。

（2）能激励员工学习多种技能和知识，以具备完成多项工作的素质。同时，学习知识和技能的过程也是员工不断获得自我满足、自我实现的过程。

（3）可帮助企业认清自身的优势与劣势，有效地实现人力资本的储备和人力资本的价值增值，提升自身的竞争力，减少员工离职的成本。不断变动的、符合个人价值的薪酬体系也有利于考核人力资本的贡献。

（4）有助于增强团队精神。在确定与考核人力资本价值的过程中，注重个人的合作精神、灵活性和自我处理的能力。个人价值的大小也会受个人工作团队的影响，这就要求每个人都要注重团队的力量。

任何事物都有两面性，基于人力资本价值的薪酬模式也同样存在着缺点：人力资本价值的评估有较大的主观性，而且针对每名员工建立人力资本价值档案，对人力资本价值的变动及时登记等，工作量很大，企业的人力资源工作人员可能难以承担。这种新的薪酬模式会影响原有的体系，来自员工的反对也是不可忽视的因素，因为并非所有员工都能接受新型的，包括诸多非货币性薪酬的薪酬体系。

第二节 社会资本对企业组织模式的创新

一、社会资本的概述

20世纪70年代后，在"人力资本"相关概念的启发下，尝试与经济学对话的一些社会学家将员工与员工之间的社会互动和联系归入了资本的范围，"社会资本"的概念应运而生。随后，学者广泛关注并深入研究了企业内部社会资本的概念，不断提高了内部社会资本对社会经济发展的作用。目前，被人们列为影响企业和经济发展的第四种资本就是社会资本，并且其成为构成企业所有资本中不可缺少的一种资本。

法国的社会学家皮埃尔·布尔迪厄是最早将企业社会资本的概念引入社会科学领域的人。企业社会资本被布尔迪厄定义为一种具有体制化的关系网络，能够为企业带来实际的或潜在的丰富资源。纳哈皮特和戈沙尔认为企业的社会资本是企业或者经济活动者所拥有的社会关系的网络，以及通过网络可以获取的极有价值的稀缺的资源，横向、纵向和社会的三个维度共同组成了企业的社会资本。詹姆斯·科尔曼则从社会结构的视角提出了企业社会资本的定义，并且形成了"经济学社会理论"。后来有关企业社会资本的研究内容与研究方法被导入了组织行为学的研究中，凯瑟琳·艾森哈特认为，企业获取额外资源的能力可能与其在网络中的位置有很大的关系。因此，如果一个企业能够具备一个较好的社会网络关系，那么其所拥有的社会资本也会更加丰富。企业对环境的响应速度及管理能力可以得到很大的提高，促使企业取得超额的利润及更好的经营业绩。

从企业资本的角度出发，通常将企业的社会资本定义为内含在企业社会联系和网络结构关系中的一种资产。从网络的角度出发，可以将企业的社会资本分为外部的社会资本和内部的社会资本。内部的社会资本是指员工与员工之间及部门与部门之间的网络联系；外部的社会资本则指横向的、纵向的及公共机构之间的网络联系。

（一）企业内部社会资本

企业的社会资本是内部社会资本与外部社会资本的总和，纳哈皮特和戈沙尔将企业内部社会资本定义为嵌入在企业内部关系网络的实际及潜在的资源总和，其存在于企业的内部，是企业发展及赖以生存的十分重要的资源。企业的内部社会资本被纳哈皮特和戈沙尔分为关系维、认知维和结构维三个维度。而盖比则将企业的内部社会资本归纳为关系维和结构维两个维度。基于企业内部网络关系的内部社会资本与企业价值创造二者之间的关系，纳哈皮特和戈沙尔将企业内部社会资本划分为结构、认知和关系三个维度来进行实证研究。企业内部的社会资本能够改善部门与部门之间的交流效率，加快新技术、新思想和知识信息的传递速度，提高个人解决问题的能力。

近几年，内部社会资本的认知维度、关系维度及结构维度在国内外被广泛研究，主要体现为员工之间的网络联系及员工之间关系的质量。内部社会资本的积累能够为企业带来长远的利益，有利于企业的发展与创新。

（二）组织创新

约瑟夫·熊彼特认为，组织创新是企业内部重新建立的一种新的生产函数，对企业今后的发展及核心竞争力的形成具有很大的促进作用。他于1912年在《经济发展理论》中谈到了创新一词，并且界定了创新的概念，目前很多学者都在沿用这个概念。企业的领导要通过创新为企业不断地带来动力，使企业更好、更快地发展，以适应市场激烈的竞争，建立更加灵活的内部结构与业务流程，能够使企业形成核心的竞争力。

目前，对组织创新理论的研究，主要可以分为五个方面，包括组织结构、组织创新过程、组织创新思维、组织创新动力、知识学习和管理。

1.组织结构

组织的内部结构、组织所处的环境、组织的规模、组织的外部结构及最高管理者的年龄等都是影响组织创新状态的因素。组织创新的要素也可以从组织的分工、组织一体化的程度、员工的专业素质、沟通的交流渠道来分析研究。

2.组织创新过程

组织创新过程可以概括为三个阶段，即发现问题、寻求资金支持、解决问题。组织创新应当包括三个方面的支持，即产品的设计、功能的改善、资源及结构的优化。

3.组织创新思维

创新包括很多方面，如新的理念、新的产品或服务、新的流程的产生、新知识的转化运用、产品信息的联结等。

4.组织创新动力

最早关于组织创新动力的研究是基于两种因素动力模型的提出，"推—拉"式模型的综合作用是企业进行组织创新的动力，这两种力量，一个来源于科学技术，另一个来源于市场需求。这两种动力因素以相互交替的方式，对组织创新不断地产生作用。有些学者研究了组织创新的内部动因和外部动因，认为其是企业内部的领导和一般员工对内部各系统及相互之间的作用进行的调整和开发，对企业的内部组织与外部环境的相互作用机制进行不断的完善，目的在于更好地适应外部环境的变化和满足组织不断变化的成长需要。

5.知识学习和管理

组织创新的过程是相关知识的运用、再创造及新观念的引进等。以知识经济为视角，高良谋认为，组织学习首先影响的是开放度，其次影响的是开放式创新的导向。开放式创新的导向能够显著地影响企业开放式的创新能力。

二、企业内部社会资本与组织创新的关系

近年来，学术界对于企业内部的社会资本对组织创新的影响提出了不同的意见。企业内部的社会资本中的关系维度，即员工之间的信任程度，为企业员工提供了更好的感情基础，使其愿意承担企业在进行组织创新时所带来的风险。但是也有学者认为，企业

内部的社会资本可能会使企业内部长期处于一种固定的欢喜之中，从而导致企业内部的工作模式长期不变，使企业得不到创新，更无法提供更多的信息及资源以支持创新，最终导致企业面临较大的生存压力。内部社会资本使得企业内部的网络联系分为两种模式：一种是强联系，一种是弱联系。总之，企业内部的社会资本可能使员工之间的工作关系处于长期不变的模式，自然也无法为业务流程的创新、企业的组织规范及员工角色的改变提供所需的信息和资源支持，最终可能阻碍组织创新。

认知维度、关系维度、结构维度对组织创新具有积极的作用，能够影响企业的结构及企业新文化的形成和战略的调整。从内部社会资本与产品创新的角度来看，企业内部社会资本的三个维度之间的关系和各个维度对企业信息及资源的交换、产品创新的影响是：企业内部的社会资本能够对产品创新产生积极的推动作用，尤其是关系维度与结构维度能够通过影响员工与员工之间的认可度及部门与部门之间的信息和资源的交换，最终影响企业的产品创新过程。企业内部的社会资本与组织目标的完成具有明显的相关性，它能够提高员工的努力程度，激励员工完成组织任务，尤其是关系维度能够更好地起到激励的作用。

三、企业内部社会资本对组织创新的影响

企业内部社会资本能够提升企业效率，是内部潜在的一种资源，存在于员工之间的各种关系之中，有利于企业内部结构的灵活转变、企业新文化的形成及企业战略的快速改变等，进而能够积极地促进组织创新的开展。企业内部社会资本的结构维度、认知维度对组织创新的影响显著，关系维度对组织创新的影响没有达到限制性水平。

（一）结构维度对组织创新具有正向影响

企业内部成员间的相互交流，不仅能通过头脑风暴等方式获得知识，还能促进包括隐性知识在内的知识传播。企业在获取现有知识的同时，开辟了内部创造新知识的新途径，丰富了企业内部知识的来源。同时，知识是在员工私下互动中完成传播的，其表述积极主动，通常能被更好地吸收。

企业内部网络联系的紧密程度与组织创新质量密切相关。企业内部网络联系越密切，说明其员工交流频率越高。高频率的交流不仅可以扩大多样化信息的接触范围，还

可以降低企业组织架构的不利影响，提升企业组织结构的灵活性，促进组织创新。在此情况下，新的想法和创意更容易产生，尤其是管理者与员工之间进行的反复沟通，能使员工更多地参与企业制度的制定，促进组织创新。同时，更容易产生新的制度，也有利于创新制度的传播和流通，减少沟通的障碍，保障相关政策的实施。

（二）关系维度对组织创新的影响

影响知识共享和交流的重要因素是交流双方的关系质量。员工之间的尊重、信任有利于深层次交流的发生。然而，根据数据调研的分析结果，以尊重和信任为特征的关系维度对组织创新的影响并没有达到显著性水平，研究的假设也没有得到相关数据的支持。究其原因为：一定程度上的员工尊重和信任能增加员工个人的主动协作行为，提高团队的凝聚力，促进隐性知识的传播。员工之间较高的关系质量，为新文化的形成奠定了基础，能促进新文化及新战略的形成。同时，较好的关系质量能够增强成员的信心，让其认为无论遇到什么困难都会有同事帮他，使其更愿意承担因企业进行创新变革而带来的风险。这种情况在企业进行制度改革或战略创新时更为显著。但是，当信任程度过高时，可能存在搭便车行为，员工个体降低投入，领导降低对员工工作的监视，企业决策权存在过度下移的风险，从而降低企业创新的效率。

（三）认知维度对组织创新具有正向影响

以共同愿景为主要特征的认知维度对组织创新有显著的正向影响。企业的共同愿景能够起到激励和引导员工工作的作用，当企业的共同愿景包括组织创新时，其员工就会把企业的组织创新作为自己的工作目标，为实现该目标而努力工作。

目前，企业内部的员工流动率较高，给企业内部知识创新的管理带来了困境。如果企业内部加强认知维度的社会资本积累，将给企业员工稳定性和组织创新管理的持续性带来良性的改变。同时，认知维度的提升可以使员工增强其对企业整体的认知，为企业新文化的形成和新战略的调整奠定感情基础，进而促进企业的组织创新。

以结构为特征的企业内部社会资本能够反映员工与员工之间、部门与部门之间相互交往的紧密性和沟通渠道的通畅性，能够提升企业组织结构的灵活性，促进组织创新。

员工之间的关系质量可能与企业的组织创新的开展和进行存在"倒U形"的关系，即员工之间的关系质量适当，能够促进企业开展组织创新的活动，并且使组织创新的效果得到提升。但是员工与员工之间的关系质量过高，可能会导致企业内部搭便车及管理松弛现象的出现。以认知为重要特征的企业内部社会资本反映了员工与企业的共同愿景，为新文化的形成和新战略的调整提供了一定的感情基础，促进了企业的组织创新。同时，其能够积极地影响企业进行组织创新的效果。

共同愿景能够为企业新文化的形成和新战略的传播奠定良好的基础，最终促进组织创新的开展和进行。所以，内部的社会资本的认知维度对组织创新的开展和进行具有积极的作用。企业员工之间的聚合力及员工对企业的归属感都会显著地影响企业内部的研发工作、协同效应及组织创新的进行。企业的内部社会资本相当于一种润滑剂，能够促进企业保持结构的灵活性，为内部新文化的形成和新战略的调整提供感情基础，最终促进企业的组织创新。

（四）基于提升组织创新的管理策略

知识经济时代的到来加剧了市场竞争的激烈程度，导致作为参与者的企业生存环境越发恶劣。获取竞争优势，保持竞争优势，从而在竞争中生存下来，成为企业时刻需要思考的问题。而创新能为企业获取并保持竞争优势提供条件，为企业的持续发展注入新的力量，因此已成为企业不可缺少的发展动力之一。不断变化的消费者需求和竞争态势要求企业进行相应的组织创新，以适应市场，增强市场的核心竞争力。但组织创新的发生需要一定的企业内部条件来配合，促进其快速开展。因此，企业在提倡创新、鼓励创新时，应重视内部社会资本对企业创新的作用。

四、完善内部社会资本的网络结构联系

为促进企业组织创新，可以采取完善企业内部社会资本的结构维度的方法。结构维度以成员间的沟通为主要特征，完善企业内部的沟通机制，可以从加强员工间的有效沟通入手，如给员工提供内部沟通的空间，以加强彼此的了解、互动，提高内部结构的灵活性，促进组织创新。

企业员工成员间合作关系的建立、知识的获取都对组织创新有重要意义。关系的建立需要空间和时间，企业员工更需要特定的场所和充足的时间来确保相互交流的内容的正确性和完整性。企业应为员工社会网络关系的建立提供充分的社交空间和时间，以保障沟通效率和效果。企业为员工提供沟通空间的方法有以下三种：

第一，改善传统办公环境，提供良好沟通氛围。企业可通过改良传统办公空间的方法，为员工打造良好的沟通环境。为降低经营成本和提高工作效率，很多企业都取消了内部休息室、阅览室、茶水间等公共活动空间。这些企业认为，员工只有坐在办公桌前才能开展真正的工作，工作时间内的休息、阅读都是浪费，自然也不需要休息室、阅览室等"非生产"空间，这种理解是狭隘的。现代研究和管理实践愈发重视企业员工间的沟通，已有企业进行了办公环境的改善，重新设计办公空间，休息室、阅览室等空间重新回到办公场所，以促进员工的沟通与交流。办公环境的改善消除了员工的孤独感，一个具有吸引力的工作环境就像"合作磁场"，能增强员工的向心力和企业的凝聚力，为组织创新提供支持。

第二，建立工作轮岗制度，增大信息接触面。工作轮岗制度的优点是让员工接触企业内部更多的信息，让员工在工作过程中自然而然地建立关系，有利于打破部门隔阂与束缚，增强部门间、团队间、个人间的沟通与交流。同时，轮岗制度利于员工思想的交流融合，交流的过程中会产生创新的机会。通过接触不同工作岗位，员工能从不同的角度理解企业决策和共同愿景，提高企业创新效率。

第三，办好企业大学，激发员工创新思维。企业创办企业大学的意义不仅仅在于业务培训本身，企业大学还承担了更多的责任。企业大学搭建了内部沟通的有效平台，跨部门、跨地区、不同背景的员工聚集在一起，有利于员工之间建立良好的人际关系，有利于创新火花的产生。企业大学能在企业内建立融洽的氛围，增强员工间的协作，为以后的创新工作提供便利。

（一）合理优化企业内部员工的关系质量

以关系质量为特征的关系维度对组织创新没有显著性的影响。如果企业内部成员之间信任程度过高的话，就会出现搭便车现象，降低企业进行组织创新的效率。但是，如果能够将信任程度控制在一定范围内，就会提高员工心理安全感，员工的积极性也会得以提高，进而推动整个组织创新的进程。因此，企业应该将员工信任控制在一定范围内，以促进企业开展组织创新活动。

为降低搭便车现象出现的次数，企业可以采取组建项目团队、问题解决小组等形式开展工作。团队或小组的形式能够缩小群体规模，降低员工的责任分散性，员工职责与团队目标明确，职责落实到人，使员工对目标的承诺性更强。同时，规模的减小，能增强员工个体对群体业绩表现的控制感，增强个人的存在感，从而增加个人投入。

企业成员对组织的信任主要以对管理人员和同事的信任为表现形式，而员工感受到的领导与同事的品德、能力及他们与员工关系的亲密程度，都会对这种信任产生双向影响。在企业招聘时，不仅要关注员工的技术水平、知识储备，还要考量员工的道德素质。在员工进入企业后，也要在日常管理中体现对道德水平的要求和重视，以不断提升整体的道德水平，从而加快企业组织创新的步伐。

（二）建立企业内部组织创新的共同愿景

为提升员工对组织创新的认识，企业确定了共同愿景，这在一定程度上能增强企业的凝聚力，因为共同愿景是组织与个人共同的发展目标，组织成员在共同目标的引导下，能促使自己更加努力工作，从而提升个人目标与组织目标的协调性。

企业建立共同愿景，一方面，必须让其成员发展自己的个人愿景。发展个人愿景时，企业要让员工对其进行或拟进行的组织创新有一定的了解，让组织创新这一重大事件被员工所关注，不能让员工置身事外。只有组织创新成为员工个人愿景的一部分，才能让员工感受到组织创新的意义，从而促进组织创新的产生和实施。另一方面，在企业共同愿景确定后，企业应对其愿景进行足够的宣传，通过与员工反复沟通，让员工深入理解组织愿景的创新元素，进一步使企业的组织愿景上升为企业和个人的共同愿景。管理层应抓住公开演讲、宣传报道等机会，用简单通俗的语言向员工描述企业愿景，使员工能够准确把握组织创新愿景的内涵。

组织创新愿景在宣传沟通过程中，不能仅仅是企业向员工的单向沟通，而应是员工与企业之间的双向互动。企业要重视基层对于企业宣传的新文化及发展战略的意见，通过倾听基层的声音，制定更好的、更容易让大家接受的及适应性更强的决策。面对沟通过程中员工表现出的顾虑，企业要对症下药，帮助员工消除或降低组织创新带来的不确定感。共同愿景还能在一定程度上转变员工对组织创新的想法，增强员工对组织创新的支持力度。

企业愿景应与员工的个人愿景相融合，成为企业与员工的共同愿景。如果二者没有紧密结合，就无法形成合力，员工也不会发自内心地支持企业进行组织创新，不利于企业组织创新的成功。因此，企业在构建包含创新元素的愿景时，需要恰当结合员工的就业、收入、职业生涯等各方面的因素，把员工的个人愿景融入企业的愿景中。从整体来讲，企业的组织创新，其目标不能仅仅是推动企业更快、更好的发展，还应把企业进行组织创新的行为与员工切身利益相关联。在与员工沟通时，把重心放在组织变革给员工带来的利益上,这样,员工才能切实感受到对自身的益处,体会到组织创新的好处,从而有利于组织创新愿景得到员工的支持。

第三节 智力资本对企业绩效模式的创新

知识经济时代,科学技术迅速发展,企业要想保持持久的竞争力,就必须保持创新能力。知识经济的迅猛发展,使得传统以物力和财力为主要发展资本的企业已经不能满足创新的需要,智力资本的重要性日益凸显。国内外众多学者从理论和实证两个角度对智力资本与创新之间的相关性与作用机制进行了深入的研究。很多研究结果表明,智力资本对创新具有重要的影响作用。随着研究的逐步深入,需要将新鲜的变量引进来,包括组织学习、吸收能力等。

一、概念界定

(一)智力资本概念界定

在 19 世纪 30 年代,智力资本等同于人力资本,二者作为同义词使用。西尼尔认为,一个人所拥有的全部知识技能的总和就是智力资本。智力资本概念由美国经济学家约翰·肯尼思·加尔布雷斯在 1969 年首次提出,他指出,智力资本是一种静态的无形资产,也是一种实现目标的方法,更是一种思想形态的过程,这是智力资本作为一个概念被首次提出。而智力资本的完整定义是由美国学者托马斯·斯图尔特提出的,他认为,所有给企业带来竞争优势的资本都可以称作智力资本,它是一个组织、一个国家最有价值的资产。

这一概念获得了理论界的一致认可,在实践中也得到了广泛的应用。智力资本构成的研究大多采取的是因素研究范式,研究者根据自己不同的研究目的将智力资本划分为不同的因素结构类型,其中包括两因素结构(结构资本与人力资本)、三因素结构(关系资本、结构资本与人力资本）及多层次多因素构成的结构类型。更进一步的研究结果显示，在对智力资本的研究中，大部分研究只关注企业所具备的外部社会资本，忽略了内部社会资本，而这正是企业用来进行资源整合与有效利用的关键因素。

智力资本主要由四部分构成：①人力资本，主要是指企业员工所具备的知识与技能的总和。②结构资本，是指企业所制定的规章制度、工作流程及应用数据等。③外部社会资本（关系资本），是指企业在与外界进行合作时所获得的知识。④内部社会资本，主要是企业从内部各个员工之间的相互关系中获得的知识。

（二）创新类型

从创新强度的角度可以将企业绩效模式的创新分为突破式的创新与渐进式的创新。突破式的创新主要是指对现有产品或者服务进行重要的变革，渐进式的创新则是指对现有产品或者服务进行改善。

能够影响技术创新的因素有很多，组织流程、企业制度政策、人力资本、企业所处外部与内部环境等因素都会对企业创新类型的选择产生影响。在这些影响因素中，最为重要的影响因素包括企业的制度政策、工作流程、员工内部环境与企业外部环境等。

（三）产品创新绩效

企业对创新绩效的研究源自创新理论，着重关注企业创新活动及其结果对整个企业竞争优势的影响。这一研究的主要思路是将企业的创新活动看作一个具有投入和产出功能的黑箱，将具体的创新过程忽略，主要用投入和产出的相应指标来衡量企业的创新绩效。这类研究的具体流程是选取测量的指标，构建测量的指标体系。关于测量指标的选择问题，不同的学者使用了不同的研究方法，有些研究者选取创新产品数量；有些研究者选取研发支出占销售比重、创新支出占比及申请获得的专利数量等；有些研究者将企业的创新选择、企业在创新方面的投入力度、企业创新的成果转化力度以创新成果的生产力作为衡量指标；还有一些研究者选取创新产品的数量、创新投入与创新产出之间的比率作为创新指标等。此外，还有研究者通过定性研究的方法，对创新绩效进行了研究，从创新成果的重要性及突破性等方面来评价企业的创新绩效。

二、智力资本与创新类型

(一) 人力资本与创新类型

人力资本是创新活动的主体，企业要想长期保持竞争优势，就要根据企业内部与外部的需求不断地获取知识、整合知识、应用知识，而这一系列活动的主体就是企业的员工。然而，个体专注的领域毕竟是有限的，员工只会从自己熟悉的领域出发去获取知识，强化对知识的掌握程度，这一过程是渐进式创新的过程，对于突破式的创新并没有什么好处。

(二) 结构资本与创新类型

组织对于知识更新是有偏好的，这种偏好由组织现有的知识所决定。一方面，企业员工所具备的知识与技能形成了企业内部的结构资本，这些资本在企业内部形成共享机制。这些储存在企业内部的规章制度、数据、流程及数据库中的知识是企业员工解决问题的首要依据。另一方面，企业所存知识的不断更新强化了这类知识在公司发展中的应用价值，在知识的使用、更新的循环过程中，强化知识对于这种更新路径的依赖。由此可知，组织更新知识的方式及处理问题的方式都与组织已有的知识结构有重要的联系，这些联系对渐进式的创新具有重要意义，但是对突破式的创新有阻碍作用。

(三) 内部社会资本与创新类型

创新离不开交流与互动，企业员工之间的交流与互动对于知识的共享与新知识、新思想的产生与传播具有重要的作用，进而能够促进企业的创新。有效利用企业内部员工的人际关系可以很好地促进知识的交换与资源的共享，这既能够促进隐性知识的分享，又能够促进新知识的产生。因此，在知识的分享与产生过程中，既能加强企业员工对于已有知识的理解，促进渐进式创新活动的发展，又能够引发企业员工对已有知识的思考与质疑，进而产生新的思考方式，促进突破式创新活动的产生与发展。

(四) 外部社会资本与创新类型

外部沟通有利于具有合作关系的企业形成一致目标，培养共同的价值观，从而促进合作伙伴在共享知识、转移知识方面积极主动，促进企业间沟通的有效进行。上至供应商，下至客户，包括高校等科研机构，企业与这些个体或机构之间的沟通可以扩充其内部资源，降低成本，从而缩短创新的实施进程。除此之外，在沟通过程中，外部社会资本既可以使得企业熟悉并充分运用现存知识，从而增加渐进式创新活动的产生机会。同时，外部社会资本还可以为企业增加寻找全新知识的机会，扩充企业知识范围，从而增加突破式创新活动产生的机会。

（五）创新类型与产品创新绩效

同市场中的竞争者相比，采用突破式创新方式的企业更容易获取稀缺资源及所需经验，进而达到抢占市场的目的，促使顾客优先了解企业的自有品牌，实现利润最大化的目标。与此同时，渐进式创新通常会根据企业现阶段的技术水平产生创新活动，相对而言，这种创新的成本和风险都较低，但确定性较高。此外，渐进式创新比较容易满足现有顾客的需求，因为它本身就来源于当前市场对已有产品在需求层面上的改变。

第四节 企业会计信息披露模式的创新

信息化是当前社会发展的主要趋势和主要标志。随着信息技术的不断发展，信息技术的应用不但影响着当前各个企业的发展和创新，而且影响着当前人类社会的生存方式，是未来社会发展的主流和前提。实现企业信息化是在信息化技术与计算机技术发展的基础上提出的，是企业发展过程中的主要模式。这种模式在给企业带来巨大经济效益的同时，也使企业的会计披露面对新的挑战。信息化的不断加快不但影响着当前人类的生活方式，而且促使企业发生着各种不同程度的变化。企业在当前的发展过程中，逐步地将计算机技术与信息技术综合地融入企业的各个方面，使其成为当前企业发展的主流。在信息化发展的过程中，企业各个部门都在不断地变化和更新，会计部门作为企业运行中的重点部门之一，其在计算机和信息化发展过程中的影响也是很大的。会计电算化是用电子计算机代替传统的记账、算账及利用电子信息技术完成对会计信息的分析、预测、控制的过程。在当前企业信息化的变动过程中，企业发展已经逐步离不开信息的支持，信息化的发展为企业的发展提供了前提和技术基础。未来企业发展主要可以总结为四个特征，分别是网络化、虚拟化、风险性、知识性，这几个特征是未来企业发展的主要趋势，也是信息化时代企业必须具备的资源和基础。

一、企业信息化对现行会计披露模式的挑战

随着社会的不断发展，计算机已成为当前人们使用最为广泛的设备之一。目前，我国拥有计算机的企业已不在少数，甚至有的企业每个员工都配备了计算机，但由于缺乏总体的网络构思与设计，致使计算机在企业生产与管理领域中发挥的功能非常有限。每个员工使用计算机设备大多"各自为政"，只是一味地借助计算机去满足手工状态下企业内部控制和处理信息的要求，而很少甚至根本没有顾及现代信息技术自身的特性。

电算化会计信息处理是指应用电子技术对会计数据输入、处理、输出的过程。现阶段主要表现为用计算机代替人工记账、算账和报账及替代部分在手工会计下由人脑完成的对会计信息的分析、判断。

企业信息化有利于企业在发展过程中对信息进行分析与技术探讨交流，避免企业在发展过程中的盲目性。当企业的生产与管理环境中缺乏网络通信技术的支撑时，各种技术在企业中的应用通常都处于一种缺乏规划的非集成状态。企业应用某种技术的目标通常是去解决某一特定的具体问题，而不是把该项技术融入企业的整个生产过程中。这样就导致企业在技术的应用过程中形成了很多不能相互融合的孤岛，即技术孤岛。这种情形不仅普遍地存在于企业的生产自动化方面，而且也普遍地存在于企业的信息系统和其他商业应用方面。

信息化的最大特点就是网络化管理，也就是消灭信息孤岛，实现信息集成。信息孤岛，是指没有信息相互交换的企业单个信息系统。企业各信息系统之间不能有效地交换信息，使得企业的任何一个独立的信息系统都无法提供某一决策所需要的完整信息资料。某一决策所需要的信息可能部分来自企业会计信息系统，部分来自其他不同的信息系统。这不仅可能降低最终所需数据的可靠性，导致决策的失误和工作效率的低下，而且仅仅收集这些信息花费的成本也会非常昂贵，这在客观上便显示出了企业信息集成的重要性。而传统的会计信息系统虽然在系统内部实现了网络化和信息集成，但是企业的会计信息系统与企业的其他信息系统仍旧处于分离的状态。

二、企业会计披露模式的创新

在传统的会计系统中，人们一般采用手工记账的方式进行会计工作，在这种情形下，由于财务数据较大，在财务统计过程中容易出现各种错误。这就需要人们在财务计算的过程中不断地采用先进的技术，使得企业会计部门在工作中能够实现一种系统化的工作模式。现代信息技术的强大功能显然已使这一局限不再成为其只能提供最低量信息的借口，在这种情形下，建立能够满足不同用户的特定信息需求的会计报告系统显得尤为重要。

在企业信息化环境下，现行会计披露模式最突出的局限性是其信息传播方式的落后。纸质传播媒介的传播内容只能是传递文本和表格等抽象性的信息。信息传播方式的落后不仅影响了企业报送会计信息的及时性，而且也限制了报送的内容。从某种意义上说，现行会计信息传播方式的落后成为会计披露发展的"瓶颈"，不解决这个"瓶颈"，会计披露创新的其他问题就无法解决。

不仅是企业外部的会计信息使用者对现行的会计披露模式提出了不少的质疑和责难，现行会计披露模式的局限性还可以从企业内部的信息传递过程进行分析。通过调查可以发现，不少企业应用了会计软件后，虽然完成了会计核算和一般性的财务分析的任务，但是当企业的决策者或者决策群体需要做出特殊的管理决策或者下达某个专门的分析研究任务时，会计软件所提供的功能通常无法满足决策者特定的需求。因为管理问题千差万别，与结构化、规范化的会计核算问题是不同的。即使在市面上能够购买到一些通用管理型的会计软件，但是其中的许多功能，企业不一定适用，而真正需要的又有可能没有提供。因此，当企业遇到类似问题的时候，通常也会怀疑企业的会计披露模式是否有效，是否存在问题。

从长远来看，现行的会计报告披露模式是不可能一瞬间就退出历史舞台的，创新是一个渐进的过程，要有计划、有步骤地进行。研究者对现行会计披露模式的创新提出了分三个步骤进行的设想：首先，将企业现存的会计信息系统的输出结果——企业财务报告以网页的形式，通过企业主页或者其他综合类、经济类网站的特定频道，在国际互联网上发布，信息使用者可以平等地从网上获得企业静态的、通用的会计信息。其次，在企业信息化向纵深方向发展的过程中，借鉴事件驱动系统的设计理念，建立专门的会计信息网络数据库，并连入国际互联网。信息使用者可以利用报告企业或者其他专业网络服务公司提供的数据处理程序，即通过界定特定服务对象的决策支持系统，对报告企业的会计数据进行个性化的定制，从而获得所需的会计信息。最后，企业加入会计信息使用者的行列中，一方面，通过会计服务公司提供的会计核算软件在国际互联网上进行企业日常的会计业务工作；另一方面，在企业需要有关自己的会计信息时，可以和传统的会计信息使用者一样，登录国际互联网，向会计服务公司提交信息需求指令，以获得所需的会计信息。

第七章 互联网时代企业财务会计的创新

第一节 互联网对市场和企业的影响

一、传统的市场结构及研究思路

（一）传统的市场结构及变化

在传统市场中，要素的供给和需求只能按照市场平均价格定价，每个供应商的要求和具体内容都是无法实现的，因此会造成资源的浪费和利润的损失。如果按照消费者的需求，制造商可以制造大规模同质化的产品，那么消费者只能消费同质化的产品，对制造商来说，这意味着利润不是最大的，因为消费者的剩余需求不能得到满足。在互联网时代，基于大量存在的数据和高超的数据分析技术，传统的产品需求要素和供给结构已经被打破，为满足消费者个性化的需求提供了契机。市场将提供给每个消费者所需要的异质化产品，以促使厂商的利润实现最大化，而消费者的消费需求也将得到满足。

（二）市场调研的理论基础

成熟的分析方法能够显著改变决策过程、实现风险最小化及揭示本来隐藏着的市场规律。互联网可以提供算法研究或者算法执行所需要的原始材料，有些企业已经通过分析来自客户、雇员的数据而作出更有效的决策。互联网让企业能够创造新产品和服务，改善现有产品和服务及创造全新的商业模式。医疗保健领域通过分析病人的临床和行为数据，创建了预防保健项目。制造企业通过内嵌在产品中的传感器获取数据，以完善售后服务并改进下一代产品。实时位置数据的出现已经创造了一套从导航应用到跟踪的服务体系。

（三）互联网带来的方法创新

互联网的调研方法为市场研究人员提供了以"隐形人"身份观察消费者的可能性，超大量样本的统计分析使得研究成果更接近市场的真实状态，同时具有丰富性、实时化、低投入等特点。互联网时代新的市场研究方法使"无干扰"、真实还原消费过程成为可能，智能化的信息处理技术使低成本、大样本的定量调研成为现实，这将推动消费行为和消费心理研究达到一个新的高度，帮助企业更为精准地捕捉商机。

二、互联网对市场的影响

（一）能精准分析顾客需求

企业通过互联网技术挖掘和分析收集到的消费者数据，可以了解每个顾客的内在需求和兴趣偏好，甚至能辨识顾客群体所具有的特征。这些数据分析可以帮助企业更好地掌握市场变化趋势和顾客消费特点，使企业能够提供完全满足顾客需求的产品和服务，实现精准定位。在互联网时代，企业通过互联网技术收集大量的市场、消费者和商品信息，然后运用互联网高性能的存储技术，管理这些数据，构建出一个完整的顾客信息数据库。为了把消费者和商品有机地串联起来，企业可以运用相关性分析技术，对消费者的行为、消费地点、消费状态及商品的周转路径进行分析，精准地把握用户的消费偏好，生产出个性化的产品。这样可以真正实现由消费者驱动企业生产产品，使企业能够为消费者提供个性化服务。

通过互联网技术，企业可以了解消费者对产品的态度，进而对顾客新的需求进行预测和判断，这必将彻底革新传统的通过主观臆断来预测消费者未来需求的商业模式。企业运用互联网技术，收集海量的消费者信息，通过对信息的处理，可以对潜在顾客进行细分，确定公司的目标消费者，然后对他们设计有针对性的产品和服务。这可以大大提高企业开展定位活动的精准度，降低定位活动的成本，提升潜在顾客的购买率。

在传统的技术下，企业可以根据用户的信息数据，对其进行常规细分，如根据性别、年龄、职业等，以提高定位顾客的精度。运用互联网技术，企业可以掌握顾客更全面的信息，对这些数据进行分析，可以使企业对顾客进行个性化的细分，辨识出各个顾客不同的消费偏好,然后开展有针对性的定位活动。在互联网精准市场定位活动中,企业要与老顾客保持良好的关系,强调准确了解单个顾客的个别需求,顾客由于受到尊重也愿意合作,消费者和企业也就形成了相互合作的关系。针对不同的顾客,企业生产的产品也体现出了差异化的特征,企业需要更加注重对个体顾客的深入了解,通过模块化方法定制产品,以满足消费者的个性需求。企业获取的有关顾客的信息越多,对顾客深层次的需求就掌握得越好,这强调的是纵深经济而不是规模经济。

精准市场定位还具有可控性的优点,因为消费者比较精准,对他们进行跟踪和分析就有了可能。企业通过消费者反馈的信息,能够及时调整定位策略,使定位效果更加精准。精准定位的发起者应该对顾客的需求进行细致的洞察和分析,然后再结合相应的活动规划、品牌规划和产品规划等对活动进行控制。

(二)发展粉丝经济

利用互联网使组织对人群进行非常具体的细分,以便精确地定制产品和服务来满足用户需求,这一方法在营销和风险管理领域广为人知。随着技术的进步,许多企业已经将客户进行微观细分,以便锁定促销和广告方式。在公共部门,如公共劳动力机构,利用互联网为不同的求职者提供工作培训服务,可以确保采用最有效和最高效的干预措施,使他们重返工作岗位。

互联网时代的特点,一方面是数据数量急速增加,但质量却变得参差不齐;另一方面是产品和服务呈现定制化。通过数据可以对消费者市场做到精细划分,企业所面对的是一个消费者,并非一群消费者。因此,个性化营销成为企业应对互联网时代的主体营销方式。互联网能够起到帮助企业重新定义目标市场、精细划分目标市场的作用。互联网对用户行为、信息、关系的追捕,不仅能够有效推动并构建互联网平台,还能给作为合作伙伴的商户带来消费者反馈。

(三)品牌忠诚度降低

如今大部分品牌指标都在下降,除此之外,品牌知名度、品牌可信度、品牌威望也在不断下降。消费、品牌、媒介、生活方式也正朝着"碎片化"方向发生着相应变化。从消费者的角度来看,这是追求自我、追求个性的必然发展方向;从生产者的角度来看,这是未来产品宣传、品牌定位、媒介选择的主要依据。由于社会大众被各种媒体、各种信息无限分割,营销者与广告商很难再通过某一单一媒体渠道全面覆盖到各种目标人群，这使营销成本逐年上升。

三、互联网对企业竞争力的影响

战略论大致可以分为以下两种：以哈佛商学院教授迈克尔·波特为代表的"定位论"，以密歇根大学商学院教授普拉哈拉德与伦敦商学院客座教授加里·哈默尔为代表的"核心竞争力理论"。

定位论认为，企业或者以产品种类为基础，或者以用户需求为基础，或者以与用户的接触方式为基础，确立其成本领先、差异化或目标聚集的竞争优势模式，进而制定防御型或进攻型战略。

核心竞争力理论主张企业关注客户长期价值，明确自身独树一帜的优势，并沿着这两个相对稳定的主线去拓展产品和业务。

两者的思维模式均是在准确预测和判断未来的基础上制定战略，在战略框架内抓落实。两者的决策主体都是商业精英而非普通员工或社会大众，两者的决策依据均是相对静止的、确定的结构化数据。

社会化媒体和互联网动摇了战略论的决策基础。其一，决策主体正从商业精英转向社会公众。社会化媒体的出现加速了信息传播的范围和效力，社交网络的普及增加了知识的共享和信息的交互，社会公众及其意见领袖已经成为企业决策的中坚力量。他们通过意见的表达、信息的传递，迅速形成信息共同体和利益共同体，成为商业经营决策的依据，也成为其决策的外部压力。其二，决策的依据正从结构化数据转向非结构化、半结构化和结构化混合的互联网。在互联网经济时代，原材料、生产设备、顾客和市场等因素的定义越来越不固定，科技正走向跨领域融合，产业界限正在模糊，充斥其中的是大量非结构化数据。

互联网将成为竞争的关键性基础，并成为下一轮产品生产率提高、创新和为消费者创造价值的支柱。这就把数据的重要性提高到了竞争性要素的地位。

信息时代的竞争不是劳动生产率的竞争，而是知识生产率的竞争。企业数据本身就蕴藏着价值，企业的人员情况、客户记录对于企业的运转至关重要，但企业的其他数据也拥有转化成价值的能力。一段记录人们如何在商店浏览购物的视频、人们购买服务前后的行为等，这些场景都提供了很多信息。将它们抽丝剥茧，通过特殊的方法进行观察，或者将其与其他数据集进行对比,以与众不同的方式进行分析,可以让企业的业务拓展发生翻天覆地的变化。

(一)核心竞争力的要素

互联网时代,企业互联网和云计算战略将成为第四种企业竞争战略,而且企业互联网和云计算战略将对传统的企业三大竞争战略产生重要影响。企业管理者要高度重视互联网和云计算,把其提高到企业基本竞争战略层面,企业互联网和云计算战略可以作为企业基本战略进行设计。因此,数据竞争已经成为企业提升核心竞争力的利器,来自各方面零碎的互联网信息融合在一起,可以使企业构建出竞争的全景图,看到竞争环境和竞争对手的细微变化,从而快速响应,制定出有效的竞争策略。

企业传统的竞争力包括人才竞争力、决策竞争力、组织竞争力、员工竞争力、文化竞争力和品牌竞争力等。在互联网时代,数据正在逐步取代人才成为企业的核心竞争力。这些能够被企业随时获取和充分利用的信息和数据,可以引导企业对其业务流程进行优化和再造,帮助企业做出科学的决策,提高企业管理水平。

根据互联网数据中心和麦肯锡的互联网研究结果,互联网主要在以下四个方面挖掘出了巨大的商业价值:

①对顾客群体进行细分,然后对每个群体采取单独的行动。
②运用互联网模拟实境,发掘新的需求和提高投入的回报率。
③提高互联网成果在各相关部门的分享程度,提高整个管理链条和产业链条的投入回报率。
④进行商业模式、产品和服务的创新。

互联网对数据的收集、分析和共享造成了影响,为企业提供了一种全新的数据分析方法。数据成为企业最重要的资本之一,而数据分析能力成为企业赢得市场的核心竞争力。因此,企业必须把互联网的处理、分析和有效利用作为新常态下打造企业核心竞争力的重要战略。

(二)产业融合与演化

企业通过财务战略加强对企业财务资源的支配、管理,从而实现企业效益最大化的目标。企业最终的目标是提高财务能力,以获取在使用财务资源、协调财务关系与处理财务危机过程中超出竞争对手的有利条件。主要包括以下条件或能力:

第一，创建财务制度的能力、财务管理创新能力、财务发展能力、财务危机识别能力等。

第二，通过财务战略的实施，提高企业的财务能力，并促进企业总体战略的支持能力，加强企业核心的竞争力。

伴随着互联网时代的到来，产业融合与细分协同演化的趋势日益明显。一方面，过去认为不相干的行业之间通过互联网技术有了内在关联，对互联网的挖掘和应用促进了行业间的融合。另一方面，互联网时代，企业与外界之间的交互变得更加密切和频繁，企业竞争变得异常激烈。广泛且清晰地对互联网进行挖掘和细分，找到企业在垂直业务领域的机会，已经成为企业脱颖而出形成竞争优势的重要方式。在互联网时代，产业环境发生了深刻变革，改变了企业对外部资源需求的内容和方式，同时也变革了价值创造和价值传递的方式和路径。因此，企业需要对行业结构，即潜在竞争者、供应商、替代品、顾客、行业内部竞争等方面，进行重新审视，进而制定适应互联网时代的竞争战略。

（三）企业不同生命周期中的财务战略与核心竞争力的关系

要提高企业核心竞争力，就要处理好资源的来源与配置问题。资源主要指财务资源，因此财务战略的管理对企业核心竞争力的提升起到了重要的推动作用。

1.企业竞争力形成的初期采取集中的财务战略

企业在竞争力形成的初期，已经具备了初步可以识别的竞争力，在这一时期，企业自己的创新能力较弱且价值低，企业可以创造的利润较少且经营的风险较大。同时，企业在这个阶段对市场扩展的需求紧迫，需要大量的资金支持。在这个时期，由于企业的信誉度不够高，对外的集资能力差，所以在这一阶段企业可以采用集中财务的发展战略，即通过集中企业内部资源扩大对市场的占有率，为企业以后核心竞争力的发展提供基础。在资金筹集方面，企业应实行低负债的集资战略，企业这个阶段的资金主要来源于企业内部，以私人资金为主，因此在这一时期最好的融资办法就是企业内部的融资。在投资方面，企业为了降低经营风险，要采用内含发展型的投资策略，挖掘出企业内部实力，提高对现有资金的使用效率。这种集中财务的发展战略重视企业内部资源的开发，所以可以在一定的程度上减少企业经营的风险。在盈利的分配方面，企业最好不实行盈利的分配政策，而把盈利的资金投入到市场开发中，充实企业内部的资本，为企业核心竞争力的提升准备好充足的物质基础。

2.企业在核心竞争力发展阶段采用扩张财务的战略

企业核心竞争力在成熟、发展阶段时,核心竞争力开始趋于稳定且具有一定的持久性,这个时期的企业除了要投入需要交易的成本,还要特别注意对企业知识与资源的保护投入。在这一时期,企业要利用好自己的核心竞争力并对其进行强化。在财务方面,企业要采用扩张财务的战略,实现企业资产扩张;在融资力方面,企业要实行高负债的集资战略;在投资方面,企业要采用一体化的投资战略;在盈利分配方面,企业要实行低盈利的分配政策,以提高企业整体影响力。

3.企业在核心竞争力稳定的阶段采用稳健的财务战略

企业在这一阶段要开始实施对资源的战略转移,采取稳健的财政战略来分散财务的风险,实现企业资产的平稳扩张。在该阶段,企业可采取适当的负债集资方法,因为企业有了比较稳定的盈利资金积累,所以在发展时可以很好地运用这些资金,以减轻企业的利息负担。在投资方面,企业要采取多元化的投资策略;在盈利分配方面,企业可以实施稳定增长的盈利分配方法。此时,企业的综合实力开始显著加强,资金的积累也达到了一定的数值,拥有了较强的支付能力,所以企业可以采用稳定增长的股份制分红策略。

第二节 互联网对企业财务会计工作的影响和挑战

一、互联网对企业财务会计工作的影响

(一)互联网推进会计服务水平升级

互联网促进了社会分工,推动了会计服务现代化建设。在互联网时代,现代会计制度日益丰富,相关人士可以从网络上获取相关的财务信息。互联网会计为企业管理者提供了全面、及时、相关和可靠的解决方案,提高了会计服务效率。打造中国会计服务"升级版"的重点在于大力培育和发展管理会计,互联网给管理会计发展带来了新的机会。

管理会计是现代企业管理的重要组成部分，对提升企业管理水平和促进企业可持续发展起着越来越重要的作用。在互联网时代，为了有效分配资源、及时评估绩效，要对会计人员进行整体规划，发挥会计的预测和规划作用。

在互联网环境下，会计在提高决策支持能力、降低成本、提高企业竞争力方面发挥着重要作用。会计服务的重点从财务会计向管理会计转变，互联网为此提供了机会。传统会计服务只提供简单的标准化财务信息，而互联网会计服务将逐步转向确保参与决策分析、创造价值、为会计服务提供战略支持、促进会计服务的转型和完善。传统的管理会计是基于静态预算进行反馈、控制和评价的机械体系，而互联网时代的管理会计可以根据环境变化，进行动态预测和计划、提供实时决策支持、柔性优化资源、持续改进绩效的体系，这有助于构建财务分析与预测、财务战略规划、资本市场运作、全面预算管理体系、全面风险管理、绩效管理、商业模式等专业体系，从而推进管理会计的转型升级。

（二）会计信息化促进会计信息建设

用户的多元化是对会计信息成本的有效性、质量和控制提出更高要求的结果。我国企业会计信息方面的建设才刚刚开始，虽然取得了一定成效，但与国外企业相比，在先进的信息技术方面仍然有较大的差距，这些差距将阻碍企业的发展。一般来说，差距主要有两个方面：一方面是企业的信息化基础比较薄弱。企业在信息化建设上没有投入大量的物力、财力，没有采购先进的信息化设备，这导致信息化缺少了必要的硬件基础。另一方面是信息化软件的不适合。企业在会计信息化软件的选择上，普遍都是市面上比较常见的会计信息化软件，这些软件与企业的实际情况并不吻合。同时，在会计信息化软件的使用程度上的不足，也是企业会计信息化建设的普遍现象。

随着互联网的发展，以云计算、互联网等信息技术为代表的高新技术突飞猛进地向前发展，我国企业如果想在竞争激烈的市场中占有一席之地，就要提升会计信息化。会计信息化对企业的未来发展起着重要的推动作用，为了贯彻我国国家信息化发展战略，全面推进我国会计信息化工作，财政部和国务院都针对会计信息化的发展提出了指导意见。在互联网的时代背景下，只有顺应网络化、信息化的发展趋势，加强会计信息化建设，满足国内外不同监管部门和会计信息使用者的需求，才能促进企业在控制力、管理能力等方面的提升，从而使企业在整个市场乃至整个世界的竞争中占有一席之地。

（三）互联网促进会计服务平台建设

在互联网时代，企业可以将互联网的创新成果与行业发展相结合，增强行业的创新和服务能力。在互联网时代，建立会计服务平台是关键，政府可以通过金融服务交换开放平台，加强当地金融交易平台的建设，为企业和管理人员提供服务。

在互联网时代，企业通过财务共享服务平台来强化内部控制、降低风险、提高效率，实现"协同业务、集中管理"。企业可以在平台上建立财务模板，尽可能地取消人工作业，让业务数据自动生成有用的财务信息；企业可以运用标准化系统执行各项业务，减少偏差及各业务单元的暗箱操作现象，降低各种风险；企业可以通过设置，让系统自动提示例外和预警；企业可以利用系统的开放性建立各数据共享接口和平台，满足各方不同需求；企业可以通过系统定期生成按会计准则要求的财务报表及按管理要求的会计报表等。集团企业可以利用财务共享服务平台的资源，加强对下属机构的财务监控。因此，信息共享服务平台的建设和完善是实现会计服务转型升级的关键环节。

当今社会，已经有很多企业开始运用共享服务，互联网的优势为企业提高了效率、准确性和有效性，为企业吸引更多新的客户及更多的业务提供了基础。

（四）互联网改善会计服务资源配置

互联网在提高社会生产效率和改变人类生活方式等方面，正发挥着不可逆转的巨大作用。互联网技术催生出了新的增值服务，改变着会计服务业价值链的价值分布。在互联网时代，互联网的互通互联让会计服务资源能够有机会流动起来，从而解决会计服务资源闲置的问题。会计人员可在一个开放的会计网络平台上处理各项财务会计事项，也可在网上编制财务报表，进行财务审批、在线更新财务制度、在线服务支持、在线资金调度、在线咨询等，从根本上改变了过去会计人员独立的和封闭的工作状态。在这种情况下，会计服务实行众包模式就成了可能。众包是互联网环境下的一种重要的生产组织方式，它通过有效利用资源的闲置产能，有效配置资源，形成一种分散而又分享的经济形态。

（五）互联网实现全流程会计服务

企业内部的业务流程有很多，如以购销链为主的物流，以生产管理为主的信息流，以财务资源为主的资金流。传统的会计服务是基于对资金流的分析，提出改进管理的意见和建议，所以无法保证财务与业务步调一致。互联网时代，企业会计能将信息流、物流、资金流有机地融为一体，贯穿从用户需求分析、服务准备到服务改进的整个业务流程，从而提供无缝衔接的全流程服务。企业会计人员可以通过构筑电子商务信息平台、连接智能物流骨干网和金融服务平台，并以互联网平台为支撑，成功实现信息流、物流、资金流"三流合一"的全流程服务。

在互联网时代，企业会计人员可以及时取得企业内部和外部的相关数据，先对生产、经营和销售过程进行深入的挖掘，再进行多维度的分析，然后进行定量和定性判断，最后适时调整计划、方案，规避经营和财务风险。在对信息流、物流、资金流的管理过程中，对每一个用户、产品、技术、流程都要求有数据记录和分析。在互联网时代，企业存储了大量的用户数据，所以企业可以对每一个用户、每一个产品和技术进行深入的挖掘和分析，以制定精细化的产品营销策略。在互联网时代，无论宏观分析预测还是微观分析预测，无论概率还是趋势，都会有相应的数据支撑，而企业的数据分析是多角度发现问题和提出成熟解决方案的基础，有了数据分析，即可改进信息流、物流、资金流的管理工作。

（六）互联网优化会计服务企业布局

在互联网时代，互联网促进了各地资源的对接，推动着会计服务向全国一体化发展。在我国东西部经济发展不平衡的条件下，我国会计服务业的发展呈现出割裂的状态，通常是东部地区会计服务企业多、从业人员素质高和业务发展速度快，而中西部地区会计服务企业少、从业人员素质低和业务发展缓慢，存在着严重不平衡的现象。但是，伴随着中西部地区互联网普及率的提升和物流基础设施的完善，中西部地区同样能享受到东部地区高水平的会计服务。从会计服务企业的布局上看，大部分会计服务企业选址在大城市或者其周边地区，包括北京、上海、广州、深圳、大连、成都和武汉等。这些城市凭借良好的互联网基础设施和会计人才资源禀赋，分别在业务先进性、行业代表性、服务辐射性、规模增长性四个方面呈现出各自的特色。

互联网助力会计服务业企业实施国际化战略，一点接入、服务全球。移动互联网的快速发展，拉近了世界各国之间的距离，这为会计服务企业国际化经营提供了不可或缺的便利条件。很多会计服务企业利用移动互联网开启了"走出去"的新征程。移动互联网扩大了会计服务的全球竞争版图，这有利于会计服务企业加强国际化布局。会计服务企业一方面要把握移动互联网所带来的会计服务国际化的机遇，学习、掌握国际会计服务的相关规则和互联网应用技术，在国际会计服务工作中应用互联网、云计算等手段，借助信息新工具,更高效地履行会计服务、决策咨询、辅助管理等职能;另一方面要适应互联网所带来的业务延伸新挑战,加强国际化能力的全方位锻造,服务企业"走出去",承接境外企业会计外包等新业务。

二、互联网对企业财务会计工作的挑战

互联网的迅猛发展和"互联网+"的出现影响着各个行业,其中包括会计行业。经济的稳定对于企业乃至全世界都是至关重要的,而财务部门作为企业经营情况的主要反映部门,作为保证企业正常运行、为企业提供重要数据的部门,在互联网的大背景下,工作烦琐、效率低、成本高、缺乏和其他部门的沟通等一系列问题就显露了出来。长此以往,会计工作的数据不能全面地反映企业的经营状况,无法给企业的发展提供有力的数据支撑,不利于开展企业的经营活动。因此,在互联网的影响下,财务工作所受到的影响及面临的挑战会对未来企业的经济活动产生重大影响。企业的管理人员要转变思维理念,用互联网的思维改变工作现状。

(一)互联网对会计管理职能有了新的要求

互联网的出现改变了传统会计行业的运行方式和思维理念,会计信息的传递效率和收集整理的速度也有了显著的提升。在互联网环境下,会计工作有了新的特点,包括实时性、同步性、针对性及多样性等。这些特点的出现为传统会计管理模式和会计实务提供了新的思维方式和理念导向,并且有助于会计管理职能的转变。

在互联网环境下,影响企业财务工作最重要的因素有会计职能。在互联网的作用下,企业更加重视对数据的吸收,以便面对瞬息万变的经济环境。随着信息量的迅速增加,数据的需求量日益增大,因此对数据进行核对、整理的工作量是非常大的。这对会计人员来说有很多的压力,在面对体积庞大的会计数据时,会计人员需要投入大量的人力、物力和财力,从而使自己只能集中于核算工作,却疏于管理、预测和监督工作。这会导致信息使用者片面地理解财务信息,从而不利于企业的决策制定和长久发展。

在互联网的作用下,利用云计算等新兴技术,可以使会计工作人员在面对信息的收集、整理和分类时更加从容,工作方式更加快捷。是否能将会计工作人员的工作逐渐转向管理,是财务会计在互联网的大背景下需要认真考虑的。对会计管理职能的改变应该

建立在互联网的基础上,利用新兴技术和互联网思维对概念模式、思维模式、理论设计模式等有一个新的认识后,在原有管理职能的基础上进行变革和升华。

(二)会计信息使用者的多样化对会计信息提出了新要求

在互联网时代,会计信息使用者呈现出了多样化的特点,可以是公司领导、各部门人员、与公司有合作业务的其他公司、潜在的客户等。他们从各自的角度出发,要求会计信息更加及时、准确和全面,以方便信息使用者对企业的整体经营效益有正确的了解,并能作为其经济行为的参考。

具体来说,互联网形态下信息技术的不断变化和提升,使得企业在面对复杂多变的市场时更加谨慎。在这种情况下,企业需要获得财务信息支持的意愿与日俱增。财务部门在面对不同会计信息的使用者时,需要提供的不再仅仅是三张会计报表,而是要从各个维度分析企业经营业绩的管理报告。在编制的时间上,要将传统的等时间段报告改成适时报告,根据需要随时提供会计资料;在编制的内容上,可以根据不同的用户需求提供多元的会计信息,以支持管理层决策,满足外部各方需要;在报表的传送方式上,可利用现代化的网络技术传送会计报表。

不同的企业对会计信息有不同的要求。对一个大型集团企业来说,置身于充满巨大竞争压力的环境下,信息的时效性、准确性都将决定企业在竞争中是否存在优势,是否能获得其他企业的信任和认同。而中小型企业在面对信息大爆炸的时代,掌握有利信息,对信息正确处理,是中小型企业在竞争中所要考虑的。

(三)互联网对传统会计业务操作模式的新要求

现代社会,人们的生活离不开互联网,互联网、移动互联网无处不在。现代会计工作早已过了拨算盘、纸上记账的时代,传统会计日常业务就是进行工作量巨大的核算工作,同时要做账,月底出报表。这种业务是基于静态的财务会计管理模式,只对现有的数据进行归纳总结,而比较少地分析和评价数据所显示出的未来经济动向。在互联网时代,会计业务工作除了基本的账务处理,重点是利用互联网的云计算功能,并用互联网思维对各类会计信息进行技术性的分析、比较和汇总,从而真正发挥会计的分析预测、管理评价等动态业务功能。

第三节 互联网下云会计的应用

一、云会计的概念

"云会计"是建立在互联网上的虚拟会计信息系统,其为企业提供了会计和会计服务。在会计领域,云会计作为会计信息的新模式,基于技术和云计算的概念,可以实现企业信息系统的有效整合,提高企业的管理能力,提高企业的竞争优势。云计算虽然提供了实现企业会计信息的新途径,但企业会计中遇到的一系列问题让企业选择云计算时稍有犹豫。即使有很多困难,企业云计算信息管理系统的创建仍将成为下一代企业信息技术发展的趋势。云计算可用于会计信息系统,可以帮助企业建立会计信息,降低企业成本等。

二、云计算的优势

"云计算"在会计信息系统中的优势主要表现在以下几个方面:

(一)降低了企业信息化建设的成本

在"云计算"中,从财务软件的购买、安装到信息系统的维护等一系列问题都无须企业亲自解决,由"云计算"供应商代为处理。企业的所有电子设备只需要连接互联网,就能享受"云计算"提供的服务,企业像购买服务一样购买这种信息计算和处理能力,按照流量付费即可。

传统会计中,会计信息存储在原始凭证、账本等各种纸质记录中,各分公司、各部门都有各自的 IT(Information Technology)系统及信息存储平台存储各自的数据,无法实现信息共享,而且各部门或是各分公司的 IT 系统有可能因人员配备等导致系统水平不一样。在公司整体建立"云计算"平台后，能促使各分公司和各部门将信息存储到云端，使每个分公司和每个部门都能享受到高水平的 IT 系统，并且实现信息共享与集中管理。当公司自建的"私有云"不能满足发展要求而向"云服务"商购买"公共云"时，公司可以按照需求购买，按照所占用的"公共云"付费，从而能节省购买大量存储硬盘和处理器的固定投入，无须为信息化所需的基础设施建设投入大量财力。

（二）为企业及时提供会计处理方法

传统的信息模型由于软件功能的限制，信息系统不能快速及时地应对信息会计问题。在云计算应用模式中，企业可以根据自己的需要选择合适的服务。一方面，企业可以根据自己的业务变化实时更新和更正会计信息；另一方面，当会计准则要求企业采用新的会计方法时，企业也可以满足会计准则的要求。

（三）企业之间的信息传递更加便利

重要会计信息的来源之一是企业经济活动，除此之外，还包括银行、资本市场、证券市场、政府机构等提供的经济信息。在传统的会计信息化建设模式中，企业信息系统难以与外部信息系统相协调。在未来，企业较大的经济运行将通过网络会议、谈判、合同等方式进行，通过电子数据交换网络和资本转移来实现。公司需要收集电子数据，而不是传统的会计纸质文件和业务。在这种情况下，信息可以通过任何网络的终端发送到云处理，实时记录与业务相关的凭据。

（四）为企业提供大量的信息，加强企业的会计控制

会计是一个经济信息系统，包括对企业财务信息和有关的非财务信息进行接收、确认、分类、记录、储存、变更、输出、分析和利用。"云计算"作为先进的信息技术，将给企业的经营方式、员工的工作方式等方面带来变革，也将给会计数据采集环境、采集工具和采集模式带来变化。在"云计算"的应用模式下，企业的信息系统不再是一个信息孤岛，通过"云计算"供应商提供的信息服务，企业可以轻松获取大量企业之外的信息，这有助于加强企业的会计控制。会计数据实时采集实现了从企业内部扩展到外部，基于互联网的基础支持，企业随时可以向合作伙伴、供货商、代理商等索取数据。而且数据的传递将直接在云端进行，效率更高，且不占用公司本身的存储空间。

"云计算"加强了公司内外部的协同工作。从企业内部看，在高度发达的"云计算"

中，公司内部的财务工作有着良好的一体化流程，通过信息流协同，各个部门有序合作，合理配置企业资源，达到企业经营效率和效益最大化；从企业外部看，共同商业利益的合作伙伴主要通过对信息进行共享，以共同创造和获取最大的商业价值及盈利能力。

三、"云会计"在企业会计信息化中面临的主要问题

（一）"云会计"的信息孤岛

目前，我国的"云会计"还处于起步阶段，目前只局限于为中小型企业提供在线记账、现金管理等一些基本功能，未能与企业其他的信息系统，如办公自动化、商业智能、企业资源计划有效融合，将造成新的"信息孤岛"。

（二）对"云会计"提供商的依赖性

"云会计"的建设完全依赖于"云会计"服务提供商。"云会计"服务提供商的专业能力和售后服务质量影响着"云会计"的应用效果。一旦"云会计"服务提供商技术支持响应不及时，或者停止运营，对企业的正常运营都可能造成破坏性的影响。

四、互联网下的云模型

信息数量巨大且来源庞杂、快速，非结构性强，含有很多不确定性、随机性和模糊性，是互联网时代的特点。人们分析、研究、认知问题的核心是把数学计算运用到海量数据上，以预测事情发生的可能性、随机性，所以通常用"概率"来表达，而难以给出"精确"的判断。这时，必然要采用云模型，以云的数字特征来反映其主要内涵和外延。云模型可以描述人们对问题了解的两种不确定性：模糊性，即对问题的边界不清，或定量不确定；随机性，即此事件发生的概率不清，或定性不确定。

云模型可实现定性与定量之间的转换。云模型是由李德毅院士提出的把随机性和模糊性集成到一起的一种模型，是用语言值表示的定性概念与定量表示之间的不确定转换模型。

五、互联网下云会计的应用及其优势

在互联网时代，云会计在企业会计信息化中的应用具有较大优势。企业管理者能利用云会计进行业务信息和会计信息的整理、融合、挖掘与分析，整合财务数据与非财务数据，提高企业财务决策的科学性和准确性。同时，互联网下的云会计可以借助主流的互联网处理软件工具，对来自企业内部和外部海量的结构化数据和非结构化数据进行过滤，并以众多历史数据为基础进行科学预测。云会计还可根据这些海量数据，将其应用于企业成本控制系统，分析企业生产费用构成因素，为企业进行有效的成本控制提供科学的决策依据。

（一）信息化建设，实现企业会计信息化建设的外部协同

企业云会计信息化运营平台运算资源部署在云端，使企业所有的会计信息处理需求都可以通过网络在云计算平台的服务器集群中以最快的速度响应并完成。云会计可以实时控制财务核算，及时生成企业的财务数据，实现企业财务信息的同步和共享。互联网时代，企业会计信息化建设需要同银行、税务部门、会计师事务所、供应商和客户等多方共享，而使用传统的会计信息化建设模式则很难与外部协同。云会计信息化平台通过广泛互联、灵活控制，不仅做到了与会计准则保持一致，还可以实现网上报税、银行对账、审计、交易、与上下游企业和用户之间的会计信息系统集成，从而有效实现互联网时代企业会计信息化建设的外部协同。

（二）成本控制系统，降低企业会计核算成本

互联网时代，企业会计核算需要满足新的商业模式，尤其是创新的互联网商业模式。"按需使用、按使用多少付费"的商业模式能够满足会计云计算服务需求者（企业信息化）的利益需要。云会计以软件服务方式提供给企业，企业按需购买、按使用资源多少或时间长短付费。企业不必为服务器、网络、数据中心和机房等基础设施投入巨大的费用，也不会占用企业过多的营运费用，并能及时获得最新的硬件平台和稳固的软件平台及业务运行的最佳解决方案。已经在运行的"基础架构即服务""平台即服务""软件即服务"等云会计，通过对应的服务构成，整合提供云会计综合服务，在充分满足互联网商业模式的同时，能有效降低互联网时代的会计核算成本。

（三）企业财务流程再造，确保企业财务战略顺利实施

与传统的财务信息系统账表驱动不同，互联网时代的财务流程应用流程再造的思想：将实时信息处理嵌入业务处理过程中，企业在执行业务活动的同时，将业务数据输入管理信息系统，通过业务规则和信息处理规则生成集成信息。基于这种模式构建的财务信息系统称为"事件驱动"的财务信息系统。

云计算的发展使财务流程全部移到线上。在云计算系统的支持下，企业将数据存储在云端，云端存储的数据进行自行运算，最终形成报表及各种指标数据。管理层及税务部门、会计师事务所等外部协同部门都可以共享云空间的数据，满足各自需要。

参 考 文 献

[1]王瑾.企业财务会计管理模式研究[M].北京：北京工业大学出版社，2017.11.

[2]郭艳蕊；李果.现代财务会计与企业管理[M].天津：天津科学技术出版社，2020.05.

[3]黄延霞.财务会计管理研究[M].北京：经济日报出版社，2018.06.

[4]陈丽花.财务会计[M].南京：南京大学出版社，2010.01.

[5]陈丽花；关旭；林凤叶.商学院文库财务会计[M].南京：南京大学出版社，2015.10.

[6]王跃堂；陈丽花.财务会计 第2版[M].南京：南京大学出版社，2007.07.

[7]刘春姣.互联网时代的企业财务会计实践发展研究[M].成都：电子科技大学出版社，2019.01.

[8]曲柏龙；王晓莺；冯云香.信息时代财务工作现状与发展[M].长春：吉林人民出版社，2021.05.

[9]李铁锋；卿向阳.经济管理基础[M].上海：华东理工大学出版社，2009.01.

[10]陈建名.经济管理与会计实践创新[M].成都：电子科技大学出版社，2017.09.

[11]孟祥瑞.经济管理基础[M].上海：华东理工大学出版社，2005.12.

[12]张齐.大数据财务管理[M].北京：人民邮电出版社，2016.02.

[13]潘栋梁；于新茹.大数据时代下的财务管理分析[M].长春：东北师范大学出版社，2017.09.

[14]郭泽林.新形势下企业经济管理的创新策略[M].北京：九州出版社，2018.06.

[15]郭昌荣.财务会计及其创新研究基于管理视角[M].北京：中国商业出版社，2021.12.

[16]王晓平；尚猛；李瑶.企业管理的创新模式[M].北京：煤炭工业出版社，2018.06.